最初の15秒で
スッと打ち解ける 大人の話し方

矢野 香

日経ビジネス人文庫

はじめに◎あらゆる場面で活用できる「はずさないコミュニケーション」

「周りの人たちとなんだか距離を感じる。無理に合わせることはしたくないけれど、互いに心を開いて自然な関係を築きたい」

「今いる組織やコミュニティで、もっと受け入れてほしい。信頼されたい」

こう考える人は大勢いるでしょう。

さらに、それが新しい環境に飛び込む場面だったら?

新しい環境に飛び込むときは、誰しも勇気が必要です。

新しい職場、新しい学校、新しいチームや新しいコミュニティ……知らない人がいる中で人間関係が始まるとき、「きちんとできるかな」「どう思われるかな」「仲間に入れるかな」と心配は絶えないものです。

自分が属するコミュニティに新しい人が入ってくる場合でも同様でしょう。

チームに新たなメンバーが加入する、新任管理職となって部下育成を任された、先輩として新人の指導を担当する「チューター」となった……考え出すと緊張して、楽しいはずの新しい出会いが不安だらけになってしまうかもしれません。

●誰もが頻繁に直面する「新しい人間関係」

かつては、こうした環境の変化は限られた年齢や時期だけのものでした。新入生、新社会人という時期を過ぎれば、それほど頻繁に大きな人間関係の変化が起きることはなかったのです。

しかし、働き方や生き方が多様化している現在、**年代や立場を問わず、新しい人間関係に飛び込む機会、新しい関係を構築する機会が増えています。**

会社員であれば就職や転職、転勤や異動など。組織に属さず個人でビジネスをしている人であれば仕事のたびに新しい出会いがあるかもしれません。さらに、プロジェクトベースの働き方も増えたため、新しいチームに入る、新しいメンバーが入ってくるという局面も多いはずです。

プライベートに目を向ければ、転勤や二拠点生活に伴う引っ越しや移住、趣味のコミュニティや地域の集まりへの参加、ママ友・パパ友との集まりなど、誰もがさまざまな場面で新しい人間関係に飛び込む可能性があります。

集まった人たちの年齢も、出会う時期も、その目的も多種多様な新しい環境においては、**「コミュニケーションの正解」もその場その場で変わってきます。**

●スッと打ち解けるのがうまい人の「共通点」

そんな中でも、どんな場においてもスッと打ち解けるのがうまい人がいます。

何気ない会話でいつのまにか周囲との枠を取り外し、相手の信頼を勝ち取る。まるで昔からの知り合いのように場になじみ、自然な存在感を発揮する。そんなうまく適応するスキルを持つ人です。

そうした人たちには、ひとつ共通点があります。

それは……、出会って最初の15秒で相手の懐に飛び込んでいるという点です。

なぜ15秒なのか。

これには、**心理学と話し方というふたつの観点**から見た理由があります。

私たちは初めての人に会うと、相手がどんな人なのかを無意識に読み取り、第一印象をつくり上げます。心理学の研究では、第一印象は、最短で1秒前後から15秒、数分という短い時間で形成され、その後の対人関係に大きな影響を与えることが多数報告されています。

さらに、「話し方」という視点でいえば、**15秒は会話の一単位**です。簡単な挨拶をしたり、名前を名乗ったりする最初の「発話」から、それに対する相手のリアクションまでの長さは、およそ15秒が理想です。その後も、互いに15秒以内の会話のやり取りを繰り返してコミュニケーションを続けていきます。たとえば、

「○○さんは長崎のご出身とうかがいました。実は私も長崎出身なんですよ」
「えっ、そうなんですか？　長崎県のどちらですか？　私は佐世保市の出身ですが」
「私は長崎市出身です。俳優の福山雅治さんの実家と近所だったことが小さな自慢です」

というような長さのやり取りです（これは私がよく出身地ネタで使う実話です）。

逆に、15秒以上ひとりで話し続けると、一方的に話す時間が長すぎて好印象を得ることができません。

このように、新しい環境においては、わずか15秒程度の短い会話の間に、この人は仲間に入れて大丈夫か、一緒に仕事ができるかなど、**その後の人間関係が判断**されてしまうのです。これは初対面に限らず、久しぶりに会った再会の場面でも同じです。

●心理学の知見とNHKキャスターとしての実践

そもそも人と会うときに、誰もが少なからず緊張を感じるのはなぜなのか。

それは、「自分が相手からどう思われるか」がわからないからでしょう。

新しい環境に飛び込むということは、新しく出会った人たちから評価されるということ。**どんな場であっても、相手から評価され、認められるための「はずさないコミュニケーション」**、これが「コミュニケーションの正解」です。

この正解は、自分のコミュニティに誰かが飛び込んでくる受け入れ側の立場からも有効です。どのようなコミュニケーションをとれば相手に安心して仲間に入ってもらえるか、対応法がわかります。

私の専門は、心理学の対人認知という分野です。話し方やコミュニケーションの違いにより、相手にどう評価されるのかについて国立大学で教員として研究を続けています。

さらにその成果をもとに政治家や経営者、上場企業の役員から学生まで、幅広い層に実践的な話し方やコミュニケーションの指導を続けています。いわば、**「他者からの評価を上げる専門家」**です。

研究活動に入る前は、主にニュース報道番組を担当するキャスターとして17年間、NHKでアナウンスの仕事をしていました。

「NHKの報道」という現場は、とりわけ信頼性を重要視します。視聴者の方々や取材協力者、局内での職員やスタッフとの人間関係において、「信頼されるための話し方」を徹底的に叩き込まれました。その教えは、毎日のニュース取材において、さらに鍛えられました。

というのも、ニュースは基本的に、その日に起きた出来事を取材し、その日のうちに放送するという短時間勝負。その中で、新たに出会うさまざまな分野の立場の異なる方々と、短時間で信頼関係を築く必要性があるからです。

●言語、非言語。両方が大事

具体的にはたとえば、次のような技術です。**何を話すかの「言語」と、どのように話すかの「非言語」**の両方があります。

［言語の例］

・忙しい相手の時間を奪わないように「結論から話す」
・文末に「ね」をつけて会話をスムーズに進める
・「でも」や「しかし」で話し始めない

［非言語の例］

・対面での相づちは「深く1回」うなずく
・真剣な話の最中はできる限り「まばたき」は控える

こうした**短時間で「信頼されるための話し方」**は、プライベートでも大いに役立っています。ふたりの子どもを持つ親として、学校関係や地域社会など多様な人が属するコミュニティでの人間関係を築く上で欠かせないものとなったのです。

心理学の知見と、NHKキャスター時代の実践をもとに、個人としての実体験も活かして執筆したのが本書です。

●仕事でもプライベートでも役立つ極意

本書は2015年に刊行した単行本『「きちんとしている」と言われる「話し方」の教科書』（プレジデント社）を文庫化したものです。

単行本では「新社会人」を対象にビジネスの現場を想定していましたが、文庫化にあたり、世代や状況を問わず、**「新しい世界に飛び込む」「新しい人と関係を築く」**方向けに大幅に加筆、再編集しました。

具体的には、新しい人間関係が始まる環境において、最初の「15秒」程度の短い時間で、スッと周囲と打ち解け、信頼され評価される話し方の極意を、多くの事例とともに紹介しています。

ビジネスだけでなく、家族関係、友人やコミュニティの仲間などプライベートの場面でも広く活用いただけるでしょう。

さらに文庫化にあたっては、そのまま使える「お助け！フレーズ」や実践テクニックをふんだんに盛り込んでいます。誰かに会う前や会議、プレゼンテーションの直前など、とっさのときにはここだけ拾い読みをして活用いただくことも可能です。

第5章では、私が実際にスピーチ指導の場で行っている具体的な方法もいくつかご紹介しています。政治家や経営者、上場企業役員といったエグゼクティブから大学での講義を受講している学生まで、幅広い層の方々が実践し、その成果が心理学的に立証された自分でできる簡単な話し方の改善方法です。ぜひ読むだけに終わらず、挑戦してみてください。

●適切なコミュニケーションをとるスキル

本書の内容を試していただくことで、新しい人間関係であっても緊張や遠慮を感じさせず、周囲とスッと打ち解けることができます。

これは単に「話がうまい」というだけではありません。

相手の気持ちを理解し、適切なコミュニケーションをとることができるからこそ実現することです。

現状のコミュニティでコミュニケーションがうまくいっていない人であっても、今日から、さらに新年度、新年、新しい月などの「新しい」タイミングに、本書のスキルをうまく取り入れることで、**「新たな関係」を築き直す**ことが可能になります。

最初に打ち解けることができるかどうかは、その後の信頼関係を築くことができるかどうかの分かれ道となります。ビジネスの場であれば、結果として高い成果につながり、プライベートの場であれば、より快適な望ましい関係を築くことができます。

あなたが新しい環境で望ましい人間関係を築くために、本書のスキルを試していきましょう。応援しています。

矢野 香

２０２４年３月

最初の15秒でスッと打ち解ける 大人の話し方　目次

第1章

「安心してもらえる人」が必ずしている会話のひと工夫

第2章 心を開いてもらうには「会話をさえぎらない」

第3章 「事実のみ」を話すことが「信頼」される第一歩

第4章 余計なひと言を発しないのが「大人の敬語」

第5章 「話しグセ」をちょっと直すだけで、印象が大きく変わる

校正◎内田 翔

序章

どんな「場」でも
うまくいく
「大人の話し方」

1 「敵ではないこと」を知らせる「ほどよい距離感」

周囲とスッと打ち解けるための一番のポイントは、**「自分は敵ではない」と相手に知らせる**ことです。

心理学の分野でコミュニケーションについて研究するときには、人間を「ヒト」という動物だと考えます。動物にとって、自分以外の動物とコミュニケーションをとる目的は、相手が自分にとって敵か味方かを判断することです。

新しい仲間に自然と打ち解けられる人とは、「あなたに対して敵意がない」ということ、「自分は仲間だ」ということを早めに伝えることができる人なのです。

サルは、毛づくろい（グルーミング）をしてコミュニケーションをとりながら、攻撃する意志がないことを相手に伝えるといわれています。

では、私たち人間はどうでしょうか。

人間が持つコミュニケーションのための道具には、大きく**「言葉（言語）」と「それ**

以外の方法（非言語）」があります。

まずは、「言葉」です。人間関係の近い・遠いは、言葉の距離感で変わります。新しい環境では、失礼のないようにと、当然のように敬語を使うことが多いでしょう。

しかし、必要以上に敬語を使うと、相手との距離ができすぎてしまいます。敵か味方かわからない相手、本音がわからない相手として警戒されてしまうかもしれません。この場合、敬語を話すときの「言葉以外」の方法、たとえば表情やジェスチャー、声などで「親しさ」を表現する工夫が必要になります。

言葉やそれ以外の方法で、相手との距離感、関係性をつくることを意識しながら話し方を変えていく。

これが本書で提案する「大人の話し方」です。

日本語や敬語が正しいとか、マナーとしてきちんとしているとか、それだけに終わらない効果を狙っていく話し方のことで、**相手との望ましい関係性を築くために話すのが「大人の話し方」**です。

2 「国語的な正しさ」が絶対ではない

すぐに打ち解ける能力を持っているかどうかは、ビジネスにおいても、プライベートにおいても重要な要素です。日々のコミュニケーションができていると、何か困ったときにすぐに相談もできます。何より**毎日楽しく過ごすことができる**でしょう。

一方、スムーズに打ち解けることができないと、自分の話を聞いてもらうことができず、気を使ったり根回しをしたりと、人間関係を構築するための余計な労力がかかってしまいます。

「はじめに」でもお伝えしたように、現代は働き方や生き方が多様化しています。結果、人間関係の悩みはさらに深刻で難しいものとなっているとも考えられます。

こうした社会的状況に関する提言として、文化庁は、コミュニケーションのうち、「互いの異なりを踏まえた上で、情報や考え、気持ちなどを伝え合って、共通理解を深めていく」という働き、「分かり合うためのコミュニケーション」に焦点を当てて、これからの社会において期待される考え方を整理しました（文化庁文化審議会国語分科会「分かり合うための言語コミュニケーション（報告）平成30年3月2日」）。

文化庁文化審議会国語分科会とは、国立や私立の大学教授や評論家、作家、俳優などの有識者でつくる組織です。今後5〜10年ほどを見通しつつ、取り組むべき課題について審議しています。そのような公的な機関が注目しているのが、**国語的な正しさよりも「分かり合うためのコミュニケーション」**なのです。本書で取り上げる「スッと打ち解ける」話し方は、まさに同じゴールを目指したスキルです。

本書では、「大人の話し方」の具体的な方法を提案していきます。取り組みやすいもの、高い効果が期待できるものから順に並べており、第1章から順に読み進めていただくことをおすすめします。

簡単に全体の構成をご紹介します。

第1章「『安心してもらえる人』が必ずしている会話のひと工夫」では、**すぐに取り組めて効果の大きい話し方の技法**を集めました。

第2章「心を開いてもらうには『会話をさえぎらない』」では、話すことよりも重要な**「聞く」というスキル**を紹介しています。

第3章「『事実のみ』を話すことが『信頼』される第一歩」では、数字で語る、自分の「弱点」で相手に貢献するなど、**信頼されるためのコツ**を具体的に解説しています。

もちろん**苦手意識のある方が多い敬語**についても、第4章「余計なひと言を発しないのが『大人の敬語』」でわかりやすく説明しています。

最後の第5章「『話しグセ』をちょっと直すだけで、印象が大きく変わる」では、私が日々スピーチ指導で取り入れている、**話し方改善術**をご紹介しています。

本書のスキルは、読んで終わりではなく、実践することではじめて身につくものです。

ぜひ、**あなた自身の人間関係や具体的な場面をイメージ**しながら、読み進めてみてください。

第1章

「安心してもらえる人」が必ずしている会話のひと工夫

1 「いい話があります」「悪い報告です」と結論から伝える

「この人は自分たちの仲間だ」と相手に認めてもらえるとは、言葉を換えれば「安心してもらえる」ということです。この章では「安心してもらえる人」になるためのひと工夫を取り入れていきましょう。

まず大事なことは、**「起承転結」の順番で話すのをやめる**ことです。

ご存じの方も多いでしょうが「起承転結」とは、背景を説明し（起）、より膨らませた（承）あとで、事態が変わり（転）、オチへと入る（結）話し方です。聞き手をハラハラさせる構成で、時間にゆとりがある会食の場であれば話が盛り上がるため好まれるかもしれません。しかし、ビジネスの場では、まどろっこしい。結論から簡潔に話すことが重要です。特に、立場が上の人への報告で「起承転結」は避けましょう。

端的でわかりやすいことはスマートな大人の話し方の条件です。何をいいたいのか結論の見えない話し方は、**人の時間を奪う時間泥棒。**できれば避けたい人であり、安心してつき合える人にはなりません。プライベートの場でも同様です。

結論から話す場合、もうひと工夫できることがあります。

それは、その結論がポジティブなのかネガティブなのかを先に伝えることです。

たとえば、「いいお知らせがあって」、あるいは「悪い報告なのですが」と、まず内容がいいか悪いかを伝えます。そうすると**聞く側は、安心しながら聞いていいのか、深刻に聞くべきなのかがわかります。**

ニュース番組でもアナウンサーがこのような伝え方をしているのを耳にしたことがあるでしょう。「うれしいニュースが届きました」「続いては、難航が伝えられている○○情勢です」というように最初に言ってからニュースの内容を伝えます。そうすることで**相手の聞こうとする集中力も高まります。**

お助け！フレーズ

ポジティブな報告の場合

「いいご報告があります」

「うれしい情報が届きました」

「期待以上の結果が出ています」
「順調な進捗について報告します」
「企画の滑り出しは好調だということをご報告します」

ネガティブな報告の場合

「悪い報告なのですが」
「残念な情報をお伝えしなければなりません」
「予想よりも厳しい結果となっています」
「議論が必要な問題が発生しています」
「重要な課題がいくつかあります」
「状況は難航しています」
「緊急でご意見をうかがいたいことがあります」

POINT
ポジティブなのかネガティブなのかを先に伝える

2 話は1分以内。すべて一気に話さない

相手の時間を奪わないためにも、報告などの話は1分以内に終えることが大事です。**最初の15秒でポジティブかネガティブかの結論を言い、残りの45秒で詳細**を話します。**1分程度話したあとは質疑応答**のイメージで、相手の質問に答えながら詳細を伝えていけばOK。最初から細かい内容まで全部話そうとしてはいけません。

ここで実際の場面で使えるサンプルを紹介しましょう。年齢や立場が上の相手に対し1分で報告する例文です。

お助け！フレーズ

最初の15秒：ポジティブかネガティブか

「悪いご報告があります。昨日、A社からいただいたクレームについてです。現在は、A社にはご納得いただき解決済みです。詳細について、ご説明してもよろしいでしょ

うか?」

残りの45秒：詳細説明

「昨日、A社の担当である○○様より、○○案件について××ということでお電話をいただきました。課長にもご相談した上で、その日のうちに私が直接A社にうかがいました。△△という対応を行い、結果としてご納得いただきました。この件については、□□が影響を与えた可能性が考えられるため、現在、今後の改善策を検討中です」

最初から詳細も含めて3分も5分もだらだら話されると、聞いているほうはイライラしてきます。報告は、1分以内で簡潔に、ポジティブかネガティブかを最初に言うことです。

POINT 最初の15秒で結論、あとの45秒で詳細説明

3

「あ、私も今日は魚の気分でした」。食事は、相手と同じものを頼む

自分たちの仲間としてふさわしいと、相手があなたのことを認めて受け入れてくれたかどうかわかる証があります。それは**一緒に楽しみながら食事をできるかどうか**です。楽しみながら他人と一緒に食べるのは、ヒト特有の行動といわれます。

一緒に食事をすると脳内ホルモンのオキシトシンという物質が分泌され、この働きにより相手に対する不安や疑いを抑制するともいわれます。親しい間柄のたとえとして「同じ釜の飯を食う」という表現もあるくらいです。

さらに、食の好みが同じという共通の感覚を持っていると、急速にスッと打ち解けやすくなります。

「やはり和食は見た目からも季節感が味わえておいしいよね」「やはり疲れたときには甘いものが欲しくなるよね」など、**共感しながら味わうことで、共通の感覚を確認**し合うことができます。

かつて日本には、いわゆる「とりあえずビール」と呼ばれる習慣がありました。宴会の席で最初の一杯はみんなで同じものを飲み乾杯することです。アルコールを飲まない人やビールが好きではない人に対する強制になってはいけませんが、大事にしたいのはその精神――「同じものを一緒に口にする」ことによって生まれる仲間意識です。

「とりあえずビール」精神が最強なのは、一般的な食の好みだけではなく、今、口にしたいものという互いの欲求が同じであることを確認できる点です。

食欲という本能レベルでの好みが、リアルタイムで共通しているということは、強い連帯感を生みます。

これは飲み物だけでなく、もちろん食べ物にも応用できます。

たとえば、食事の場面でAコースが肉、Bコースが魚だったとしましょう。相手が「魚」と言ったら、本当は肉が食べたかったとしても、自分も同じ魚を頼みましょう。

そうすれば、「この魚、脂がのっていておいしいですね」「細かな骨があるので注意してくださいね」など、**同じ話題で会話がはずみます。**

パートナーや気の置けない友人同士なら、「あなたは魚なの？　じゃあ私が肉にするから、半分ずつシェアしようか」と言って楽しむこともできます。しかし、かなり親しい関係でないと躊躇《ちゅうちょ》するでしょう。

今後より打ち解けたい相手との食事では、相手が魚を頼んだなら、「あ、私も今日は魚の気分でした」が正解です。もちろん、食物アレルギーやヴィーガン、ベジタリアンなど個人の体質や主義が合わないときはこの限りではありません。

「確かにその魚はおいしそうですね。私はアレルギーがあって食べられなくて……残念です。私の分まで味わって召し上がってください」などと**相手と「同じ欲求」であること**をさりげなく伝えながら、会話を膨らませていきましょう。

お助け！フレーズ

● **「やはり」をつけて好みが同じであることを強調する**

「やはり疲れたときには甘いものが欲しくなるよね」
「やはり和食は見た目からも季節感が味わえておいしいですね」
「やはり家庭菜園で朝とれたての野菜に勝るものはないですよね」

● 今の瞬間の食欲が同じであることを強調する

「あ、私も今日は魚の気分でした」

「今日は寒かったから、温かい飲み物がよさそうですね」

「このメニューリストの中では、これが一番惹かれるよね」

POINT

食事は、同じものを頼むと共通の話題で打ち解けやすい

4 飲み物の温度を合わせると「会話のペース」が合ってくる

食事の席では相手と同じものを頼むことをおすすめしましたが、毎回「私も同じで」と言うのはさすがに不自然です。「自主性のない人」と思われてしまったら、本末転倒。

そんなときは、「温度を合わせる」ことを意識してみてください。

たとえば、相手がホットコーヒーを頼んだなら、まったく同じホットコーヒーではなく、ホットティーを頼みましょう。コーヒーか紅茶かの問題ではありません。「ホット」という**温度の共通点がポイント**です。

なぜ同じ温度にするのか。それは、**飲むタイミングが同じになる**からです。

ホットコーヒーを飲むときは、熱いのでひと口ずつ時間をかけて飲むでしょう。これがアイスコーヒーになると、ストローで一気に飲んでしまうこともあります。

相手は会話しながら温かい飲み物を少しずつ時間をかけて飲んでいるのに、自分は、すでに冷たい飲み物を飲み終わって手持無沙汰ということも起こります。飲むペースやタイミングが違うことで、会話のペースが合わなくなる。このズレによって、「なんだか気が合わない人」と無意識に判断されてはもったいない話です。

どうしても相手と温度を合わせられないというときは、プランBに作戦変更。飲み物の温度を目的によって使い分けることをおすすめします。ふたつの例を挙げましょう。

まずは、**話の内容に合わせる方法。**具体的には、**ネガティブな話のときは温かい飲み物が、ポジティブな話のときは冷たい飲み物**が合っています。

人間は、会話の内容によって呼吸が変わります。ネガティブな話や深刻な相談のときはまるでため息をつくようなフーッと吐き出す呼吸になりがちです。温かい飲み物を飲んだときも、同じようにフーッと息を吐き出したくなるもの。**会話内容と飲み物の呼吸がシンクロ**することで話が進めやすくなります。

一方、「うれしい報告があるのですが、聞いていただけますか」というときにホットコーヒーだと、ペースがゆっくりすぎてテンションが下がってしまいます。そういうときはアイスコーヒーを頼んで一気に飲んでから、「うれしい報告があります」と話を切り出すと、互いのテンションが上がります。

このように、**相手と自分の呼吸や行動のペースを合わせることで相手との信頼関係を深める**テクニックを心理学では「**ペーシング**」といいます。具体的には、相手がゆっくり話しているときは自分もゆっくり、相手が早口になってきたら自分も早くするなど、話すスピードを合わせます。相手の声が高いか低いか、大きいか小さいかという声の変化にも合わせることができます。

とはいっても、会話をしながら相手を観察し、後追いでマネをするのは至難の業です。そこで飲み物の温度をそろえることで、自然と同じペースをつくるのです。

ふたつ目は、**与えたい印象によって使い分ける方法。**心理学の実験で、手にホットコーヒーを持ったときは相手を温かい人と感じ、アイスコーヒーを持ったときは冷たい人と感じたという報告もあります。**自分の印象を飲み物の力で操作できる**のです。

季節が夏だから冷たい飲み物、冬だから温かい飲み物ではなく、飲み物は目的に合わせて選ぶことが、自然に相手と打ち解けるための秘策です。

POINT
飲み物を使って戦略的な「ペーシング」

5 眉毛を上げれば、親近感も上がる

「お近づきになりたいな」とあなたが内心願っている相手がいたとしましょう。その人と対面するチャンスはいつ来るかわかりません。予想外の場所でばったり会うかもしれません。そんなときは、相手を発見した瞬間の表情がとても大切です。

相手に親近感を持ってもらうには、「あ、○○さんだ」と気がついたら、うれしい顔をする必要があります。こちらが**敵対心を持っていないことを表現**するためです。

相手を見つけてうれしい顔とはどんな顔でしょうか?

当然ですが、眉をひそめてしまうと、相手を嫌っているような感じの悪い人になってしまいます。これは相手をよく見ようとする場合など、視力に問題があるときにやってしまいがちなので注意しましょう。無表情では、何を考えているかわからない不気味な印象を与えるか、相手に気がついていないようにも見えてしまいます。笑顔であればよいかというと、実はそれだけでは不十分です。

心理学的には、**「うれしさ」をあらわすアクション**として次の5つが挙げられます。

①発見時に眉が上がる（アイブロウフラッシュ〔眉の閃光〕）
②笑顔を見せる
③相手と視線を合わせる
④身体的な距離を近づける
⑤相手に接触する（タッチング）

人は、相手を発見してうれしいとき、眉が一瞬だけ上がる動きを見せます。笑顔になるのは、そのあとです。これが①「アイブロウフラッシュ（眉の閃光）」です。

理想は、相手を見つけた瞬間に眉が上がることですが、この習慣がなかった人は、なかなか上げにくいものです。そういうときは「二度見」を使いましょう。

「あ、いる」と、相手の存在に気づいたら、いったん視線をそらします。そして改めて、「あっ！　○○さん」と声をかけるときに眉を上げればいいのです。

コツは呼吸。眉は、息を吸うと上がります。息を吸ってから、「あっ！　○○さん、こんにちは」と挨拶をしましょう。呼吸を意識することで眉や表情も自然と変化します。

お助け！アクション

①相手を発見する
②いったん相手から視線をそらす
③大きく鼻から息を吸いながら、「あっ！　○○さん」と声をかける
④自然と眉が上がる
⑤笑顔で相手を見る
⑥遠くから近づき、「こんにちは」と握手を求める　※状況、相手との関係性による

このような挨拶をされて、あなたに親近感を持たない人はいないはずです。

POINT
挨拶は息を吸ってからする

6 着席したら、相手との間には何も置かない

第一印象で好印象を与え相手に信頼してもらうには、挨拶が重要です。そこでポイントになるのが、距離。相手のパーソナルスペース（人と人との快適距離）にいったん進入して、**あえて距離を縮めて挨拶をすると相手の警戒感が解けます。**距離を近づけるための口実として、**名刺交換やお辞儀、握手**などは自然な理由となります。

NHKでニュースを担当していたとき、番組のゲストとして政治家や大臣がいらっしゃることがありました。そういう立場の方は、たいてい本番直前にスタジオに直接いらっしゃるため、本番前に控室にうかがって挨拶をするということができません。生放送の場合、名刺を出しながらゆっくりとご挨拶することもできません。さらに、スタジオではアナウンサーは胸元にピンマイクをつけています。マイクのコードの長さには限りがあり、近い距離で挨拶をしようと思っても不可能です。

それでも私は相手との距離を近づけられるギリギリの位置まで身体を寄せてから挨拶

をするようにしていました。軽く首を傾け会釈だけするような挨拶と、身体を動かそうとしている挨拶とでは、相手に与える視覚的な印象が違います。

ビジネスやプライベートで実践するならば、こんなシーンが考えられます。

たとえば待ち合わせをしていた店や部屋などに入ったとき、相手が先に来ていたとしましょう。「お待たせしました」と言って、すぐ手近な場所に座ったのでは相手との距離は一定に保たれたままです。せっかくの挨拶の効果も半減してしまいます。そうではなく、**「お待たせしました」と言いながら、一度その人の前まで近づきます。**その後で自分の席に着くようにしましょう。

できるだけ相手に近づいて挨拶をする。そのあとで自分の位置に戻る。そうすると、「わざわざ近くまで来て挨拶をした」という身体的な表現が、**相手と親しくなりたいというあなたの気持ちを代弁**してくれます。

また、距離感を感じさせないために、相手と会話をしているときは相手と自分の間には何も置かないのがベストです。**物で相手との境界線をつくらない**ということです。

たとえば、間に飲み物のペットボトルが1本あるだけでも視界をさえぎり邪魔になります。カフェやラウンジなら、ナプキンホルダーやメニューが相手との間にあるかもしれません。間に物があったら、それがたとえ小さな物であったとしても、必ず取り除いてください。

さらに、相手との物理的距離を近づける場面を意図的につくりましょう。

たとえば、「これ、うちのペットの写真なのですが」と**自分のスマートフォン（スマホ）の画面を見せるために相手に近づく**のは自然な行為です。スマホを差し出して相手に渡してしまっては、距離は近づきません。あくまでも自分がスマホを手にしたまま身体を寄せて、互いの距離を近づけます。

もちろん、**ハラスメントと取られないような配慮は必要**です。ちょうどよいタイミングで自分の位置に戻り、長い時間、相手の快適距離を侵害し続けないように気をつけましょう。

POINT
相手のパーソナルスペースに一度入る

7

「ちょっとお時間をいただけますか」は嫌われる

相手と会う約束をとりつけたいのに、なかなか返事が来なかったり、日程が合わなかったりすると、もしかして迷惑なのかな、と不安になる人もいるでしょう。

忘れないようにしたいのは、会ってもらうということは、相手の時間とお金を使っていることなのだという感覚です。

ビジネスシーンはもちろんプライベートであっても、もし相手が「仕事」としてあなたと会う場合、その時間を相手の時給やギャランティに換算しましょう。あなたとの時間は、いくらになるでしょうか？　ビジネスは利害関係で動いています。**相手があなたに費やす時間も常に考慮**しなければなりません。

ですから、ビジネスで面会のアポイントを取るときはもちろん、プライベートの約束であっても**曖昧な依頼の仕方は厳禁**です。

たとえば、「ちょっとご挨拶にうかがいたいのですが」とか「明日は家にいる？」と曖昧に言われては相手も困ります。「本当に『ご挨拶』だけだったらメールやチャットで十分です」と断りたくなりますし、「家にいるけど何？　遊びに来るなら片づけなくてはいけないから面倒なんだけれど」と内心思うかもしれません。

相手と会う約束をしたいなら、「ちょっとお時間をいただけますか」ではいけません。

まず**相手に余計な推測をさせてストレスを与えないのが大人としての配慮**です。

次に、「ちょっと」ではなく、「30分」「1時間」というように、**所要時間もはっきり伝えましょう。**

「ちょっと」と言われて、せいぜい1時間のつもりで会いに行ったら、3時間もかかってしまった……そんなことになったなら、相手はその後の予定を変更しなければなりません。次回からあなたと会う約束はよほど余裕のあるときにしか入れてくれなくなるでしょう。

こうしたことは意外と、相手と長いつき合いであるケースや、アポイントを取ることに慣れてしまっている人のほうがやりがちかもしれません。今一度きちんと依頼をする習慣をつけましょう。

お助け！フレーズ

×「ちょっとお時間をいただけますか？」

△「ご報告があるのですが、ちょっとお時間をいただけますか？」

○「○○の件でご報告があるのですが、お時間をいただけますか？　30分ほどで終わる見込みです」

×「明日は家にいる？」

△「渡したい物があるのだけれど、明日は家にいる？」

○「渡したい物があるのだけれど、明日は家にいる？　次の予定もあるので、玄関先だけで数分で失礼するつもり」

POINT

相手にストレスを与えていないか考えよう

8

相談は内容を「予告」しておくと相手も答えやすい

困り事や悩みを相談したいときは、先に予告しておきましょう。

「このようなことを相談したいので、お時間をいただけますか」「〇〇の相談に乗ってほしいので食事でもしながらどうかな」というように、相談内容について、あらかじめ伝えておくのです。

相談内容を予告しておくのは、**答えを考える時間を相手に与える**ことができるからです。会って急に「相談があります」と言われても、相手もすぐには回答できないかもしれません。

たとえば、新しい情報や過去の事例などリサーチが必要、専門家の意見が必要、より詳しい人の連絡先を調べたいなど、すぐに答えをもらうのは難しい可能性があります。その場では、「じゃあ、調べておくよ」と言ってくれたとしても、相手にも日常の業務や生活があります。忘れてしまったり後回しにされたりすることもあるでしょう。

相談内容を事前に伝えて先手を打っておけば、回答の準備をしておいてもらえます。それから本番として会い詳細を説明し、相談をするとスムーズです。

相談上手になるためのコツは、予告なのです。予告はメールやチャットで伝えてもかまいません。ただし、**実際の相談は対面でする**こと。最終的には、顔と顔を合わせて感情が見える場面で相談すると、解決案を一緒に考えてもらうことができます。

対面ということでいえば、何かを断る際も顔と顔を合わせることが基本です。「オンライン全盛」の現代であっても、メールやチャットで済ませるのは避け、きちんと対面または電話をして、口頭で伝えるようにしましょう。

なぜなら、メールやチャットは一方向のコミュニケーションだからです。相手に反応させない手段でもあります。メールやチャットでお断りの連絡をした場合、仮に相手が怒りたくても怒れないまま終わってしまいます。これでは、断ったこと以上に、その手段が不誠実なものとして相手の記憶に残ってしまうでしょう。

大学で学生からよく受ける相談が、就職活動における内定辞退の伝え方です。

図1−1 “心を動かす”相談の依頼メール例

件名: ご相談のお願い

〇〇様
先日〇〇の件でお世話になりました[あなたの名前]です。

〇〇について具体的なご指導をいただき、誠にありがとうございました。
おかげさまで、〇〇な状況で順調に進んでおります。感謝申し上げます。

さて、今回は××についてご相談したく
ご連絡いたしました。

〜簡単な状況説明〜

お忙しいところ恐縮ですが、〇〇のご経験も豊富な〇〇様のご意見をぜひお伺いしたくお願いする次第です。
つきましては、直接お目にかかってご説明させていただきながら、ご相談させていただけないでしょうか。もちろん、お時間や場所は〇〇様のご都合に合わせ、こちらからお伺いいたします。

こちらの都合を先に申し上げて恐縮ですが、以下の候補日であれば、ご指定の場所に参上いたします。

候補日1:[日付(曜日)][時間帯]
候補日2:[日付(曜日)][時間帯]
候補日3:[日付(曜日)][時間帯]

他に適した日時がございましたら、
いくつか候補日をご教示いただければ幸いです。
よろしくご検討お願いいたします。

名前
社名・肩書
住所
電話
メールアドレス

ポイント!
過去に相談に乗ってもらったことがあれば謝辞を忘れずに

ポイント!
その人でなくてはならない理由を追記

ポイント!
候補日を示して積極性をアピール。多忙な相手であれば、先方に候補日を挙げてもらうほうが無難複数の企業から内定をもらった学生は、入社を決めた企業以外の会社からの内定は辞退をすることになります。学生が内定辞退の文章添削を依頼してくるのですが、私は口頭で伝えることをすすめています。

お断りを伝えるのは気が引けるものです。相手によくしてもらった場合はなおさらでしょう。しかし、言いにくいことこそ、メールやチャットなどの文字で伝える手段で済ませるのではなく、対面や電話など自分の声で伝えることです。**誠意の伝わり方がまったく違います。**

当たり前ですが、言いづらいからと連絡をしないというのは最悪なことです。あってはならないことですが、まれに企業の担当者から大学宛に、「内定を出していた学生と連絡が取れなくなった」という相談が来ることがあります。このような迷惑をかけるのは、ひとりの大人として無責任です。

POINT
大切な話は、直接会って話す

9

前置きは不要。「教えてください」とストレートに切り出す

年代問わず、仕事でもプライベートでも、周囲の人に教わる場面はたくさんあります。何かを教えてほしいときは、最初のひと言をスッと自然に切り出すことができるかどうかが肝心です。

「すみません。今お時間よろしいですか。お尋ねしたいことがあるのですが……」というように、気を使いながら話しかける人がいます。

話しかけたほうはよかれと思ってのことですが、何かをしている途中でさえぎられた相手は、**前置きが長いとイライラする**ものです。内心、「用件を早く言ってよ」となり、**本題を聞く前からネガティブな印象を持つ**こともあります。

前置きが長い人は、「が」「けど」「けれども」などの言葉を使う傾向があります。「お尋ねしたいことがあるのですが」「お忙しいところ申し訳ないのですが」「以前もお聞きしたかもしれないのですが」「ご確認いただきたい資料があるのですけれども」「短時間

で終わると思うのですけど」「できたらでいいんですけれど」などです。

前置きとして添える「クッション言葉」のつもりで使っているかもしれません。しかし、何かを教えてもらうために話しかける場面では、最初の15秒で、ハッキリと「教えてください」と言ったほうが相手に受け入れてもらえます。

「今お時間よろしいですか」という相手への配慮も、最初ではなく最後に伝えます。

なぜなら、**教えてほしい内容次第で、今すぐ時間を取るべきか、後回しにできるのかを相手が判断できる**からです。

相手は、内容を聞いてから「その質問なら後にして」とは言いづらいものです。先に内容を言わずに「今お時間よろしいですか」とだけ聞く**後出しジャンケンのような話しかけ方は、次回から相手を警戒**させてしまいます。

お助け！フレーズ

×「お忙しいところ申し訳ないのですが、短時間で終わると思うんですけれど、今お時間よろしいですか」

○「△△さん、教えてください。○○についてです。今お時間よろしいですか」

新しいコミュニティに入ったばかりのときは、教えてほしい内容について誰に聞いていいかわからないことも出てくるでしょう。そういうときは、**「どなたにうかがえばいいですか?」「〇〇の担当はどなたですか?」**と尋ねてください。その相手が教えてくれるかもしれませんし、適任の人を紹介してくれるかもしれません。

企業や組織であれば、最初の6カ月間は研修期間ということも多いものです。遠慮せずにどんどん教えを請うことです。ただし、面倒くさい人だと思われないように、前置きせず簡潔に。これができる人は、いつのまにか周囲と打ち解け、気づくと会話の中心にいるものです。

POINT
「後出しジャンケン」には要注意

10

お礼をするときは「人前で」。効果が何倍にも上がる

教えてもらったら、お礼と感謝を忘れずにするようにしましょう。

誰でも最初は、教えてくれるものです。しかし、そのあとにお礼と感謝をしなかったなら、2回目、3回目はありません。「教えてもらって当然」という態度でいると、「また何かあったら、いつでもどうぞ」とは言われなくなるでしょう。

お礼と感謝といっても、何か物を贈るという意味ではありません。言葉で**「ありがとうございます」とお礼を伝え、「おかげさまで助かりました」と感謝を伝える**だけです。

また、教えてくれた相手を立てることも重要です。ポイントは人前で立てること。その本人がそこにいなくても、です。実践フレーズを紹介しましょう。

お助け！フレーズ

● 仕事で立場が上の人に

相手「企画書、よくまとまっていたよ」
あなた「ありがとうございます。◯◯さんに教えていただきながら書きました。何度も添削してくださった◯◯さんのおかげです」

プライベートで友人に

相手「この前SNSにアップ（投稿）していた料理の写真、おいしそうだった！料理の腕を上げたね」
あなた「ありがとう！ 実は、映える写真の撮り方を〇〇さんが教えてくれたんだ。◯◯さんのおかげで『いいね！』の数も増えたんだよ」

趣味の集まりで

相手「今後の活動について、あのような具体的なアイデアを提案されるとは、さすが〇〇さんですね」
あなた「提案にご賛同いただき、ありがとうございます。実は、あのアイデアは前会長の△△さんにヒントをいただいたのですよ。ずっと会を運営なさってきた方の助言は素晴らしいですね」

教えてもらったその場だけでなく、事後報告としてもお礼と感謝を伝えましょう。その際、**数字や具体的な事実・エピソードなどを添えて報告**すると、相手もより自分事として受け止め、「教えてよかった」と満足してくれます。

お礼と感謝を伝え、**教わり上手**になりましょう。

図1－2は、株主総会のためのスピーチ指導を行ったクライアントからいただいたメールです。丁寧な報告形式で、メールを拝読した私も思わずクライアントの成功にガッツポーズをしました。その後もスピーチ指導を継続し、ご自身で設定された新たな課題を、どんどんクリアし上達なさっています。許可をいただき、ご紹介します。ぜひ参考になさってください。

POINT
「教えてもらって当然」ではない

図1−2 **“心を動かす”お礼のメール例**
（実際に筆者がお客様から受け取ったメール）

矢野　香　様

ポイント！
10時・4件など具体的な数字での報告

いつもお世話になります。
株式会社○△の××です。
本日10時より弊社の株主総会があり、先ほど無事終了致しました。
株主様からの質問に対して、私は、4件答弁致しました。
役員の中では私の回答数が一番多かったです。

結局、事前に教えていただいたことを全部は実践できなかった気がしますが、
事前の準備等で、気持ちの余裕ができたことが良かったかと思います。
ありがとうございました。

ポイント！
謝辞が入る

ポイント！
事実が入る

社員の一人が、総会の最後に「総会に初めて出席しましたが感銘を受けました」とわざわざ言いに来てくださった株主の方がいたと感激していました。

そのような反応があって私も嬉しいです。
矢野様には、また改めて、本日の答弁について
ご指導いただきたく存じます。
具体的には話している途中の「えー」「あー」という言葉をなくしたいと思います。
本日の様子をビデオに撮影していますので、
ぜひご覧いただきご指導いただけますか。

ポイント！
具体的な次回への行動依頼

今後ともよろしくご指導お願い致します。

名前
社名・肩書
住所
電話
メールアドレス

-----

11 〝図々しいお願い〟で憧れの人との距離感を縮める

まだ人間関係ができていないと言いづらいことのひとつが、お願い事です。

たとえば、人前で話すのが上手な人がいたとします。自分も同じように話せるようになりたいと思ったとしましょう。そんなときは、

「〇〇さんは、人前で話すために何かトレーニングをされているのですか？」

「おすすめの書籍や動画、サイトを教えていただけませんか？」

というように具体的にお願いしましょう。

実際に相手が使っている書籍や資料を借りることができればラッキー！　そこには相手の書き込みがあるかもしれません。その線を引いた箇所やメモ書きが貴重な宝です。

「出会って間もないのにそんなお願いをしたら悪いかな」と遠慮をする人も多いでしょう。しかしそこは、図々しいくらいにお願いしてみてください。**最初だからこその特権と思って上手に甘えること**です。これをきっかけに人間関係も深まるはずです。

先日、スピーチ指導を受けてくださっているある大手上場企業の役員の方が、私の講演会に20代の若手の社員と一緒に参加してくださいました。

いつもはお立場を隠しつつひとりで参加なさる方で、職場の方を連れてくるのは珍しいと思いお尋ねすると、若手社員を見ながら笑顔でこう教えてくれました。

「会社で若手に向けてプレゼンをしたところ、終了後に彼が寄ってきて『○○さんのように話せるようになりたい。どんな方法でプレゼンの勉強をしているのか教えてください』と質問してきたんですよ。彼とは初対面だったけれどうれしくてね。つい矢野さんの指導を受けていることを白状し、今日の講演にも誘ってしまったよ」

あとから聞くと、講演会後はおふたりで食事をして帰ったそうです。

若手の彼にとっては遠い憧れの存在だった役員と、勤務時間外に講演会に誘ってもらったり、食事をしたりする関係になったのです。すべては彼が勇気を出して具体的にお願いしたからでしょう。**お願いされたほうも喜ぶ**ような甘え上手を目指したいものです。

お助け！フレーズ

「先ほどの○○さんのお話、感激しました。○○さんのお話は、いつも聞き入ってしまいます。人前で話すために何かトレーニングをされているのですか？　おすすめの書籍や動画、サイトはありますか？　もし可能であれば、○○さんが参考にされた書籍をお貸しいただけないでしょうか。実際に○○さんがどのような箇所に線を引いて注目されているのか学びたいのです。図々しいお願いかとは思いますが、人前で話すことが昔から苦手で、それを克服したいのです」

このように理由が明確に示された向上心からくるお願い事であれば、断る人は少ないでしょう。誰しも相手から頼られるのは、うれしく思うものです。応援してくれる心強い味方になります。もちろん、お願いを受け入れていただいたあとは、前項で紹介した「お礼と感謝」は忘れずに！

POINT
一歩の勇気で人間関係が深まることも

12 「クローズド・クエスチョン」で積極性を示す

新しい環境や慣れていない仕事では、どうしても指示を待って行動しがちになります。しかし、指示待ち人間のままでは「頼りない人」と周囲に思われてしまいます。

指示待ちに見えるか否かには、質問の仕方が関係します。

ご存じの方も多いでしょうが、質問にはクローズド・クエスチョンとオープン・クエスチョンのふたつがあります。前者は、相手がイエスかノー、またはひと言で答えられる質問のことで、後者は、「どうすればいいですか?」というように、イエスかノーで答えられない質問のことを言います。

指示待ち人間と思われないためには、クローズド・クエスチョンを活用します。

たとえば、「今回の報告書をまとめる担当になりました。どうすればいいですか」という質問はオープン・クエスチョンです。これだと、**質問が具体性に欠け、教えるほうも何をどこから教えていいのかわからない**という状態になってしまいます。自分の頭で考えていない人間にも見られてしまいます。

そうではなく、相手がイエスかノーの2択で答えられるクローズド・クエスチョンで質問しましょう。

たとえば「今回の報告書をまとめる担当になりました。報告書のフォーマットか過去のサンプルはありますか」というように、具体的に聞きます。

お助け！フレーズ

×オープン・クエスチョン　○クローズド・クエスチョン

×「どうすればいいですか？」

○「見本となる過去のサンプルはありますか？」

×「初めてなのでわかりません」

○「○○について××という私の理解は間違っていませんか？」

×「何をすればいいですか？」

○「○日までに仮の案を作成します。お目通しいただき、アドバイスをいただけますか?」

また、最初からすぐ質問しないことも重要です。

途中まで自力でやってみる。**自分がどこまでできていて、どこからわからないのかを示しながら質問**します。

たとえば「今回の報告書をまとめる担当になりました。一度、去年の報告書を見本にしながら作成してみました。この他、今年新たに加えるべき内容がありますか?」とすると、あなたの主体性も伝えながら質問することができます。

何を教えてもらえれば、あなた自身のやりたいことが円滑に進むのか。具体的な作業や物に落とし込んで、質問をしましょう。

POINT
「イエスかノー」で答えられる問いを発する

13

「これで合っていますか?」。できる人は「質問」を「確認」に変えて聞く

コロナ禍を経てリアルのコミュニケーションが減り、世代を問わず直接「聞く機会」が減っています。聞きたい質問もSNSで回答を募集したり、チャットGPTを使ったりするという人も多いことでしょう。

確かにそれもひとつの調べ方ですが、信頼性・信憑性の面で不安な点もあります。それよりは、**周囲に聞く勇気を持ってほしい**のです。

最初のうちは知らないことがたくさんあって当然です。

こっそり調べて見栄をはって知っているふりをするよりは、「知りません。教えてください」と素直に助けを求められる大人のほうが、好感が持てます。その場合、「ここまでは調べたのですが、ここからがわかりません。教えてください」と聞くことです。

ただし、当たり前の話ですが、一度聞いたことを何度も聞くのは厳禁。

質問を効果的に活かすには、前項で紹介したクローズド・クエスチョンのほか、聞く相手と聞くタイミング、聞き方の3つについて戦略的に考えましょう。

①聞く相手

あなたが質問したい内容について詳しくて、喜んで教えてくれる人を見つけましょう。イベントやコミュニティなど同じ分野に興味を持つ人たちのネットワークに参加すると適任者と出会うことができるでしょう。さらには、**あなたがその情報を知っていることが、相手にとってもメリットになる相手**が理想です。共通のゴールを目指しているチームメンバーであれば条件を満たしています。

②聞くタイミング

タイミングは、**早ければ早いほど聞きやすい**ものです。「今さら聞けない」となるのは避けましょう。

私が新しい案件に取り組むときに心がけているのは、「事前打ち合わせ」段階ですべて聞くことです。たとえば、企業幹部の方々向けのスピーチ指導を行う際、指導前の事前打ち合わせの場には、たいてい本人は出席しません。担当者と私で内容や日時などを打ち合わせます。その場で質問するのです。ただし、何も調べずにゼロから聞いては「この人、大丈夫かな」と不安に思われてしまうので、必ず下調べをしてから質問します。

③聞き方

質問するときは、知らなくても当然のことと、知っていて当然のことをセットで聞くようにします。つまり、「質問」ではなく「確認」するのです。

基本的なことを調べた上で、**「私はここまで理解していますが、これで合っていますか？」**と確認するように尋ねます。間違っていた場合は訂正してくれますし、追加情報を教えてくれることもあります。ゼロからの質問と、確認とは別物です。質問は、確認の形に変えて聞くことをおすすめします。これについては次項で具体例を交えてご紹介します。

POINT

ゼロからの質問と調べた上での確認は別物

14

「彼は横文字を使う人が苦手です」。裏情報をゲットできる理由

前項の「質問は、確認の形に変えて聞く」について具体例をご紹介しましょう。

以前、こんなやり取りがありました。ある上場企業役員のスピーチ指導のために、担当者と事前打ち合わせを行ったときのことです。

先方は担当部署の社員ふたりと役員秘書の3人です。私は、まだ役員本人にはお会いしたことはありません。そこでインターネットや事前にいただいた資料でご本人のプロフィールを調べました。そして、**打ち合わせの席で、情報を確認しながらこう質問**しました。

「〇〇さんは、去年から現職で、以前は〇〇の役職をなさっていたのですよね。趣味は〇〇ということでしたが、〇〇な性格でいらっしゃるのでしょうね。

スピーチトレーニングにあたり、話し方の悪い点をご指摘する場面もありますが、問題ありませんか？　その他、何かご希望はありますか」

すると、先方は日時や進め方などの要望のほか、**ご本人の性格や好みなどの情報を教えてくれました。**その中には、専門用語はもちろん、横文字も使う人を嫌いな傾向があるという貴重な情報も含まれていました。

そのため私は、ご本人とお会いしたときは、「スピーチトレーニング」を「話し方訓練」、「ボイストレーニング」を「声出し練習」、「ワンブレス」は「ひと息」と言い換えて説明するよう心がけました。

その直接的な成果ははっきりとはわかりませんが、嫌われる要因となりそうなことは少しでも排除してよかったと思っています。

前項でお伝えした①聞く相手、②聞くタイミング、③聞き方でこの例を考えてみると、①聞く相手は、役員のスピーチ指導を成功させたいという同じ目標を持っている担当者、そして役員本人について詳しい方々でした。②聞くタイミングは、ご本人にお会いするよりも前、初回の事前打ち合わせです。③聞き方に関しては、事前に調べたプロフィール情報を確認しながら、質問を加えました。

このように聞く相手、聞くタイミングを工夫し、確認しながらの質問という聞き方をすると、**思わぬ裏情報や貴重なお役立ち情報を得られる**ことがあります。

お助け！フレーズ

×「この報告書のフォーマットはどれを使えばいいですか？」

○「この報告書は、先週共有されたフォーマットで作成すると理解していますが、それで合っていますか？」

×「今日の会議は何時からですか？」

○「今日の会議はいつも通り14時から開始ですよね」

×「今週末は何をするの？」

○「週末はよく映画を見に行くと言っていたけれど、今週末も映画に行くの？」

POINT

聞く相手、聞くタイミング、聞き方の3つを考える

15

「でも」で話し始めると「面倒な人」と思われる

誰しも「面倒な人」とはかかわりたくないと思うものです。

面倒な人と思われないためには、何に気をつければいいか。そのひとつに、接続詞から話し始めない、ということがあります。

なかでも、「でも」というような**逆接の接続詞は要注意。**

さらに、「でも、それって◯◯じゃないですかぁ？」というように、逆接の言葉で入って疑問形で終わる話し方は子どもっぽく、聞いていて感じのいいものではありません。

「でも」は、反対の意見を切り出すときに使う言葉です。このような逆接の接続詞で話し始める人は、何事にもいちいち反論するネガティブな人、何かを指摘されたら言い返す言い訳がましい人と思われてしまい、よい印象はひとつもありません。

当初は、反対意見を伝えるときの印象を和らげるために「でも」を使っていたのが、いつのまにかクセになってしまった人もいるでしょう。あるいは、「でも」と言いながら、次に何を言おうかと考えていることもよくあります。同じ目的で「でも」の代わりに、「えー」「あのー」「そのー」と言いながら考える人もいます。

こうした理由で「でも」が口グセになってしまった人のための**救世主が、いわゆる「クッション言葉」**です。「でも」の代わりに「お言葉ですが」などのクッション言葉を使いましょう。

お助け！フレーズ

×「でも、私は反対です」

○「お言葉ですが、私は反対です」

×「でも、いくつか気になった点があります」

○「おっしゃるのはごもっともですが、いくつか気になった点があります」

×「でも、○○というような意見もあるじゃないですかぁ？」

○「出すぎたことを言うようですが、○○というような意見もあります」

ログセになってしまっている人の発言は、「でも」で始めているのに、最終的な意見は反論でも何でもないこともあります。同じようにクッション言葉に言い換えましょう。

お助け！フレーズ

×「でも、こちらの色のほうが正直似合っていると思うよ」
○「正直にいうと、こちらの色のほうが似合っていると思うよ」

無意識に「でも」で話し始めていることで、相手と打ち解けるせっかくの機会を自ら遠ざけてしまってはもったいない話です。

POINT
「でも」の代わりに「お言葉ですが」

16 自分の希望を通す魔法のひと言「ずっと」

「○○をしたい」「○○はしたくない」といった自分の希望を言いすぎると、自己中心的でわがままに聞こえてしまいます。周囲の人たちは、あなたのことを眉をひそめながら遠巻きに見るようになってしまうかもしれません。

そこで、自分の希望をわがままに聞こえないように言う、とっておきの方法をご紹介しましょう。

「ずっと」という単語を使って**「私はずっとこう思ってきた」と話す**のです。

たとえば、「子どもの頃からずっと夢だった」「ずっとこういう勉強をしてきた」「○○して以来、ずっと○○している」など、**過去からの継続を強調**するのです。

「ずっと」という言葉を使って上手に表現できれば、単なる一過性の子どもっぽいわがままと取られることはありません。大人の情熱として受け止められます。

「ずっと」が言える人は、**周りから応援される**のです。

たとえば、「将来、〇〇の仕事に関わりたいと、ずっと目標にしている」と伝えていたとします。該当するプロジェクトでメンバー増員の計画があったときに、「そういえばあの人がいたな」と思い出してもらい、希望を叶えてもらいやすくなるのです。

また、「ずっと」は**ネガティブな場面でも有効**です。

それは、与えられた役割や仕事を、短期間で辞めてしまうようなときです。「すぐに辞めた」「中途半端に投げ出した」と思われないように周囲を説得するために「ずっと」を使います。

「ずっと挑戦したかったことができるチャンスが来たので、辞めさせていただきます」

このように「ずっと」を表現できれば、納得してもらえます。

お助け！フレーズ

「子どもの頃からずっと夢だった」

「〇〇のために、ずっとこういう勉強をしている」

「この経験をして以来、ずっとこの考えを大切にしています」

「子どもが生まれて以来ずっと、夜は遅くとも9時までに帰るようにしています」

「ずっと挑戦したかったことができるチャンスが来たので、辞めさせていただきます」
「ずっと納得できず考えてきたけれど、やはり辞めるしかないと判断しました」

もし、自分の中に「ずっと」と言えるものがないなら、それは単なるわがままかもしれません。自分には「ずっと」と言えるほどの思いがあるか？

今一度、自問自答してみましょう。

POINT

「ずっと」を使うことで、わがままではなく熱意になる

17 言いづらいことこそ「目を見て」言う

親しい間柄であっても伝えにくいのが反対意見。まして、まだ人間関係ができあがっていない場合は、「反対です」となかなか言い出せないことでしょう。

しかし、自分の意見を持たずに相手に合わせてばかりいる人は、頼りないと思われるか、本心では何を考えているのかわからないと思われて相手からは信頼されません。

自分の意見をはっきりと伝えることができてこそ、「大人の話し方」です。

自分の意見が少数意見だったり、目上の人への反論になってしまったりと角が立つことが懸念される場合は、先にご紹介した「クッション言葉」を使いましょう。

次のフレーズを言いづらい言葉の前に、前置きとして添えるだけです。

お助け！フレーズ

「お言葉を返すようで恐縮ですが」

「申し訳ございませんが」
「ご意見はありがたいのですが」
「おっしゃるのはごもっともですが」
「○○（ご事情、状況、お立場など）は理解しておりますが」
「ほとんど賛成ですが、1点だけよろしいですか」
「あえて反対の視点で考えてみましたが」
「出すぎたことを言うようですが」

また、「言語」として言いづらいことを言うのですから、「非言語」ではしっかりと敵意のないことを伝えましょう。具体的には、**相手の目を見ながらクッション言葉を使う**ことです。相手と視線を合わせずに逃げ腰でクッション言葉を使ったところで言い訳のように聞こえてしまいます。**相手に伝えるときの言語と非言語のバランスが重要**です。

POINT
反対意見はクッション言葉を添えて伝える

Column 1

「SNSグループ」で痛い人にならないための「下調べ」

趣味のコミュニティや、久しく会っていない同窓会グループなど、ほぼオンラインだけでやり取りをする相手もいるでしょう。

SNSグループに参加する際は、そのコミュニティの文化やルールを理解し、尊重することが重要です。

ポイントは、対面で話すときと同じように、相手に価値ある情報を提供すること。ただ自分が書きたいことを書くのではありません。

そのためにも、まず過去の投稿を確認するようにしましょう。対面でも重要だとお伝えした「下調べ」です。

どのような話題が好まれているか、どのようなトーンで会話が行われているかを把握します。また、よくやり取りされているリアクションも確認し、他人の投稿に対してどのような内容が受け入れられやすいかを理解します。

これはSNSだけのつながりはもちろん、対面+オンラインの関係でも同様です。せっかく対面で築いた人間関係をオンラインで壊すことがないように注意しましょう。

ついやりがちな失敗例として、次のようなものが挙げられます。参考にしてください。

ビジネスシーン

・不適切なコメント……知ったかぶりをして不正確な情報を提供する
・批判……他のメンバーの意見や業績に対して、批判的なコメントばかりを繰り返す
・宣伝……自分の業績やスキルを過度に宣伝し、他のメンバーから反感を買ってしまう
・機密情報……職場の機密情報を共有し、職業倫理に反する行動を取る
・一方的な発信……自分の言いたいことばかり書き込む。他のメンバーへのコメントはせず、相互関係を築く努力を怠っている

プライベート

・個人情報……家族や自撮りの写真をたくさん送りつける
・不適切な言葉遣いやジョーク……コミュニティの雰囲気に合わない言葉遣いやジョークを書き込み、不快感を与える
・トピック違い……コミュニティの主旨に合わない話題を頻繁に投稿する

・メンバーとの衝突……個人的な意見の違いから他のメンバーと衝突する
・投稿頻度……他のメンバーに比べ、投稿頻度が多すぎたり少なすぎたりする。利用時間帯がコミュニティにそぐわない。投稿が活発に行われている時間帯がないか確認し、コミュニティにとって適切な時間に利用する

第2章

心を開いてもらうには「会話をさえぎらない」

1

話を聞いてほしいときこそ「聞き役」に徹する

相手がまだ話している最中であるにもかかわらず、話をさえぎる人がいます。

同じことを何度も繰り返し聞いていたら、「それは○○なんですよね」と相づちのつもりで口をはさんでしまうかもしれません。

また、話の途中で結論がわかることもあるでしょう。そんなときも、つい「それについては……」と自分の話を始めたくなるかもしれません。

しかし、そこは**ぐっと我慢して最後まで聞く**こと。

「聞き役」に徹しましょう。

相手の話はさえぎらずに聞く。心を開いてもらうにはもっとも重要なことです。話をさえぎられると、誰でも気分がよくないものです。自分の話を否定されたと思って機嫌が悪くなったり、せっかちで待てない人だと思われたりと、相手にとってもあなたにとってもいいことはありません。

わかっていても、つい相手の話をさえぎってしまうケースとして考えられるのは、話を早く終わらせたいときでしょう。急いでいるのに話しかけられたときは、つい、途中でさえぎって答えてしまいがちです。

そんなときは、

「お話の途中なのにごめんなさい。今、急いでいるので先にお答えしますね」

と断ってから自分の話を始めましょう。

または、

「申し訳ないのですが、今、商談の前で十分に時間が取れないのです。お話をしっかりうかがいたいので、1時間後に改めて聞かせていただけますか」

など、**余裕を持って話を聞くことができるときに変更**してもらいましょう。

ニュース番組でもキャスター同士が話すときは、決して相手の話をさえぎりません。たとえば、メインキャスターのアナウンサーふたりとニュース解説者、気象予報士などが互いに話す掛け合い部分でも、基本的に相手の話をさえぎらないように努めます。そのような会話のやり取りを見せることで、視聴者に、キャスター同士の**チームワーク**

のよさ、人間関係がいいことを印象づけます。

自分の話を聞いてほしいときこそ、まずは相手の話を聞きましょう。
相手と出会ってまもない時期こそ、まずは相手の話を聞きましょう。
先に相手の話したいという欲求を満たしてあげることです。

相づちを打ったり質問をしたりしながら**積極的にあなたが話を聞けば、相手は意外と早く満足する**ものです。

「それで、あなたは最近どう?」

とこちらに水を向けてくれるかもしれません。そのとき初めて自分の話をするのです。
相手もしっかりとあなたの話を聞いてくれるでしょう。

お助け!フレーズ

「お話の途中なのにごめんなさい。今、急いでいるので先にお答えしますね」

「申し訳ないのですが、今、商談の前で十分に時間が取れないのです。お話をしっかりうかがいたいので、1時間後に改めて聞かせていただけますか」

「とても興味深いお話なのですが、最終電車の時間が迫ってきています。次回、続きをお聞きすることを楽しみにしています」

「話の途中にごめんなさい。今の話で思い出したことがあります。あとで○○について私からお伝えするのを忘れないようにメモをさせてください」

POINT
「話したい」という相手の欲求をまずは満たしてあげる

2

「表情」だけでもコミュニケーションは成り立つ

相手から見て、無表情で何を考えているかわからない人よりも、気持ちが表情として表れている人のほうが話しやすい人として好まれます。

しかし、現代のコミュニケーションにおける問題のひとつが、私たちの表情変化が減少していることです。これは2019年からの新型コロナウイルス感染症の拡大により、マスクを着用する機会や、オンラインでのコミュニケーション場面が増えたことが大きな原因です。**表情の変化が少ないため、相手の表情を読み取る力も衰え始めています。**

2023年、イタリアのミラノ・ビコッカ大学が大学生の男女で実験したところ、リアルの人間の表情よりも、絵文字を認識するほうが得意だった、以前に比べてとりわけ男性にその傾向が強かったという報告がなされています。

特に表情変化を意識したいのは、**リアクション場面**です。

こちらが話したことに対し相手のリアクションが無表情だと、その後の話をどう進めてよいか戸惑ってしまいます。

たとえば、質問されたから答えたのに「わかりました」と能面のような無表情で言われる。どの程度理解しているのか、質問に答えた側にはわかりません。

私の個人的な経験からの推測でしかありませんが、特に20代の若い世代や、退職後の男性の方に無表情の傾向があるように感じます。ただ彼らが無表情だから何も感じていないのかというと、そんなことはないようです。

講演や講義において、聞いている方々のリアクションが少ない。質問を投げかけても反応するのは少人数。自分の伝え方が悪かったと反省していると、「感動しました！」とあとからポジティブな感想を言われて驚くこともあります。

無表情では、双方向のコミュニケーションは成り立ちません。何かリアクションを返すことが大切です。**リアクションとして表情を変化させる**ことで、その場その場の感情を伝え、信頼関係を築くことができます。

POINT

無表情ではあなたの気持ちは伝わらない

3 「驚き顔」はあらゆる場面で有効

ぜひうまく伝えていただきたい表情変化は「驚き」の表現です。

人は、何か質問に答えてもらったときや新しい知識が入ったときは、驚きの表情をするものです。

教えてもらった内容がたとえネガティブなことであっても、**「あ、そうだったのか！」と思うと、人はハッとした「驚き顔」になります。**

ハッとした表情は眉が上がります。

たとえば、あなたが言葉遣いの間違いを指摘されたとしましょう。

「さっき、目上の相手に『参考になります』と返事していたよね。『参考』は、目上の人に使うのは失礼な言葉らしいよ。こういうときは『勉強になります』が正解なんだって」と言われたとします。

このときあなたの表情は「えっ、そうだったのか！」と一瞬、眉が上がり、驚いたように見える顔になるはずです。

そうすると、たとえ「えっ」と感嘆の言葉しか出なくても、その驚いたような表情が相手に対して「理解しました」「教えてくれてありがとうございます」「改めます」と返事をしたことになるのです。

表情で応えないのは、あなたが投げたボールを相手が投げ返してくれたにもかかわらず、無視して見送ってしまうようなものです。このような人と話しても楽しくないのは当然です。ボールを投げただけで終わらせず、キャッチボールが続くようにしましょう。

自分が無表情になっていないかどうかを確かめる方法があります。

まず正面を向いて笑顔をつくります。

次に、顔は正面を向いたまま、目だけを下に向けてみてください。自分の頬の高い部分が視界に入りますか?

自分の頬が見えなかったら無表情になっている可能性があります。表情に凹凸がなく、相手からは能面のような表情に見えてしまっています。

無表情の改善のためには、次のトレーニングを続けてみましょう。

お助け！表情レッスン

①正面を向いて笑顔をつくる
②顔は正面を向いたまま、目だけを下に向ける
③自分の頬の高い部分が視界に入るまで引き上げる
④頬を押して固くなっていることを確認
⑤そのまま1分キープ

初めのうちは頬がプルプルと震えて辛く感じるかもしれません。それは、表情筋が衰えている証拠です。**続けるうちにできるようになります**から、コツコツ続けましょう。

POINT
「表情レッスン」で表情筋をトレーニング

4 「〜ね」は相手の心を開くキラーフレーズ

「聞き役」に徹するには、自分から話を振る必要はありません。「教えてください」「聞かせてください」というスタンスで、**相手の話を中心に進めていけばいい**のです。「そういえば、私も……」というように、新たに自分の話を始める必要は一切ありません。

そのとき、文末に「ね」をつけるとスムーズに会話が進みます。

たとえば、「今日は皆さん気合が入っていますね」「この会場はオープンしたばかりだそうですてきなところですね」など。反対されない話題を「ね」をつけて言うことで、「仲間です」というアピールができます。

「ね」はリレーのバトンのようなものです。バトンを渡されたら走り出すように、「ね」を渡されると答えたくなるのです。

この「ね」は**質問にも有効**です。「大変だったのでしょうね」「ご苦労がおありだったのでしょうね」というように聞くと、相手は答えやすくなります。

「一番大変だったのは」「苦労というほどのこともないのですが」と言いながら、さらに詳しく話してくれるでしょう。

たとえば、あなたが相手に成功の秘訣を聞きたいとしましょう。「秘訣は何ですか？」と直接聞かず、**「秘訣があるのでしょうね」と質問**します。すると、「実は、こんなことをしています」というように、相手が自分から思いつくことを話してくれます。

「ね」を使った質問は、相手に心を開いて話してもらうためのキラーフレーズなのです。

お助け！フレーズ

「大変だったのでしょうね」
「ご苦労がおありだったのでしょうね」
「お忙しそうですね」
「お子さんも大きくなられたでしょうね」

POINT
文末の「ね」は会話をつなぐバトンになる

5 聞き上手は「要約」がうまい

「心理的安全性」という言葉をご存じの方も多いでしょう。

心理学でいう「心理的安全性」とは、チーム内で率直に自分の意見を伝えても、他のメンバーがそれを拒絶したり、攻撃したりして対人関係を悪くさせるような心配はしなくてもよいという信念が共有されている状態のことをいいます。いわゆる**コミュニケーションにおける「安心・安全の場づくり」**です。

最初の15秒など早い段階で相手との「心理的安全性」を高めるために、あなたは何をすればいいか。それは、「聞き役」に徹することです。自分から何か話そう、新しい話題を自分から提供しなければと考える必要はありません。

では、「聞き役」であるあなたが話すときには何を話せばいいかというと、相手がした話です。相手の話をしっかりと聞いて、**相手が話したことを要約して話せばいい**のです。

相手から何か言われたら、**「つまり、〇〇（相手の話のポイント）ということなんですね」**というように、ひと言で相手の話をまとめます。たとえば次のような形です。

相手の話

「この前、納めてもらった御社の商品なんだけど、かなり使いづらいところがあって、操作していてイライラするんだよね。△△するときにエラーが出るんだ。〇〇の機能は確かに便利だし、新機能なんだろうけど。忙しいときにこのエラー症状が出ると、いっそ御社の商品に買い換える前の別のメーカーのほうがよかったんじゃないのか、いっそのこと返品しようかと思ったりするときもあるくらいなんだ。だいたい、時間がかかりすぎるよ」

相手の話を要約した返事

「ご迷惑をおかけして申し訳ありません。〇〇の新機能は便利だけれども、△△のエラーが多く、時間がかかるのが問題ということですね？」

このように、相手の話を受けて一度要約します。すると相手は、**「この人は、きちんと自分の話を聞いてくれている」「自分の気持ちをわかってくれている」**と安心します。

これは例に挙げたクレームのように、あなたの真剣さを示す必要がある場面ではもちろん、一般的な雑談のような話題でも同じです。

相手の話をしっかりと受け止めて聞きながらやり取りを積み重ねるからこそ、「またこの人に話してみようか」と相手も心を開いてくれるのです。

しかし、早く信頼関係を築こうとつい力が入りすぎると、相手の話を十分に聞かず、自分の意見を先に言ってしまいがちです。たとえば先ほどのクレームの場合であれば失敗例はこうなります。

×「御社のためには、私としてはぜひ□□というオプションをご提案します。追加料金はかかりますが、今お困りの△△のエラーに対する最善の解決策となります」

相手は返品も考慮しているというのに追加オプションを提案されたら、さらに怒りが増すでしょう。

相手との信頼関係もないところに、共感もなく、話を聞く姿勢もなく、自分の意見を伝えたところで、相手は押しつけられた感じがしてしまいます。

だから、**はじめのうちは、自分の意見は求められてから言う**こと。

相手から「あなたはどう思う?」と話すことを求められたとき以外は、相手に先に話してもらって、それを要約しながら会話を進めていきましょう。

POINT
相手の話を受け止めて聞くことで心の扉が開く

6 「はひふへほ」の相づちで一気に会話がスムーズに

会話は、「最初の発言」「相づち」「言い換え」という3パターンで成り立ちます。

相手に先に話してもらうと、あなたは「最初の発言」をしないことになります。「相づち」と「言い換え」で、会話を進めていくのです。

まずは「聞き役」に徹するのが「大人の話し方」です。このように相手の話を積極的に聞こうとする態度のことを**「アクティブ・リスニング（積極的傾聴）」**といいます。

相づちは「アクティブ・リスニング」には、欠かせない要素です。

相づちはワンパターンになりがちです。いろいろなバリエーションを持っていると会話がよりスムーズに進みます。これには、

①具体的なセリフ

②「はい」「いいえ」のバリエーション

③ひと言相づち

などがあります。それぞれ説明していきましょう。

①具体的なセリフは、**日本語のさ行「さしすせそ」**を使った相づちを覚えておくと便利です。

お助け！フレーズ

さ「さすが」「最高ですね」
し「知らなかった」「信じられない」
す「すごい」「すてき」「素晴らしい」
せ「センスがいいね」「成功だね」「成長しているね」
そ「そうだね」「そうなんですね」「それは○○（うれしい、知らなかった等）」

コミュニケーションの達人でもあるエッセイストの阿川佐和子さんも、著書『話す力』

（文春新書）で「合コンさしすせそ」として、「さしすせそ」を使った会話の広げ方を紹介しています。こちらもぜひ読んでみてください。

このような具体的なセリフとしての相づちがすぐに口に出せないときは、「はい」「ええ」だけでもかまいません。ただし、声の大小やイントネーションを変えてみるのです。

②「はい」「いいえ」のバリエーション、です。

同じ「はい」でも、元気に大きな声で「はいっ！」と言い切るのと、沈んだ小さな声で「はい……」と尻すぼみで言うのでは、まったく印象が違ってきます。

さらに、同じ「ええ」でもイントネーションを下げて「ええ」と言えば肯定ですが、イントネーションを上げて「ええっ？」と言えば疑問や驚きと意味が変わります。

声の大小・強弱・高低・速さを意識すれば、いろいろなバリエーションをつくることができます。ひとつの会話の中で相づちのバリエーションを変えることで、興味を持ってきちんと聞いている姿勢が相手に伝わります。

最後に、③ひと言相づちを紹介しましょう。これは、**あ行「あいうえお」**、**は行「は**

「ひふへほ」を意識するといいでしょう。

お助け！フレーズ

あ「あっ、○○（心当たりがあります、この前お会いしたばかりです等）」
い「いいですね！」「いえいえ」
う「うんうん」「うわぁ（驚き）」
え「ええ（肯定）」「ええっ！（驚き）」
お「おおっ（驚き）」

は「はい」
ひ「ひぇ！（驚き）」
ふ「ふふ（笑）」
へ「へえーっ」
ほ「ほぉ」

これらのひと言相づちを、どのようなバリエーションで発することができるか。いろいろと試しながら表現の幅を広げていきましょう。

そのためのトレーニングとしておすすめなのが、『はぁって言うゲーム』（幻冬舎）です。

これは、怒りの「はぁ」、とぼけの「はぁ」、感心の「はぁ」など与えられたお題を、声と表情だけで演じて当て合うカードゲームで、シリーズ累計で100万部を突破しています。「はぁ」以外にも「えー」や「はい」などのお題もあり、バリエーションを考えるヒントがたくさん得られるコミュニケーションゲームです。

ゲームを通して、**自分の相づちがいかに単調で相手に伝わっていないか**がわかります。複数人でゲームとして挑戦して盛り上がることはもちろん、ひとりでカードを引いてお題に答える素振りのような自主トレーニングも可能です。

POINT

相づちのバリエーションを持つ

7

「深く1回」うなずくことで真剣さが伝わる

相づちを打つときに気をつけたいことがあります。

それは、複数回の相づちを繰り返さないこと。「はいはい」と繰り返したり、「はいはいはい」と早口で何度も繰り返したりすると、相手がバカにされていると感じてしまう可能性があるからです。

「はい」は1回だけです。

「はい」と同時にうなずくときも、小刻みに複数回うなずくのはいけません。真剣さが足りない、軽いと思われて損をしてしまいます。

特に、一生懸命話を聞こうとしているときに、何度も小刻みにうなずくクセが出る人がいます。意識して直すようにしましょう。

テレビ番組でのインタビュー場面がよい参考になるでしょう。

聞き役であるアナウンサーは、相手が話している間、黙って相手の顔を見て、ゆっくりと1回だけうなずいているはずです。小刻みに何度もうなずいたりはしません。

さらに、相づちを打つときは、**相手と声がかぶらないように注意**しています。必ず相手が話し終わってから、自分の発言や次の質問をします。同時に話してしまい会話がかぶることを「クロストーク」と言います。これを避けるようにしているのです。

ただし、バラエティ番組などでお笑い芸人さんがあえてクロストークを狙って使うこともあります。会話を盛り上げるためです。しかし、これは芸人さんならではの特殊な技です。

クロストークは相手の話をさえぎることにもなるため、落ち着いた印象を与えたい場面では避けたほうがいいでしょう。

「大人の話し方」では、相づちは1回だけ深くうなずく。これを心がけてください。

相づちは「言語調整動作（レギュレーター）」とも言い、**相手に話を促す効果**があります。うまい相づちをされると話が弾み、相手は自分とあなたは「息が合う」「相性がよい」と感じます。そのため出会ってからまもない関係性であったとしても、心を開いてくれるのです。

そもそも相づちとは、相手の話に反応しながら声やうなずきなどの動作を使って、相手に「調子を合わせる」行為です。より効果の高い相づちを打つためには、**うなずくときは相手の話すスピードに合わせましょう。**早口で話す相手には早く、ゆっくりと話す相手にはゆっくりとうなずきます。相づちも第1章4項で紹介した「ペーシング」の一種なのです。

加えて、相づちは相手が話し終わる絶妙なタイミングで、合いの手のように入れることが理想です。話し終わりを確認するために捉えたいポイントは、まずは意味の切れ目です。相手の話をしっかり聞いて文脈で判断します。

しかし、相手が毎回論理的に話すとも限りません。そんなときでも相手の話し終わりを読み取るためには、**相手の息に注目**します。どんなに早口で長く話す人でもどこかで必ず息継ぎをします。相手が息を吸おうとした瞬間を狙って相づちをはさむのです。そうすれば、前述のクロストークのように相手と発言が重なることも避けられます。

POINT

うまい相づちで相手と「調子を合わせる」

8 オンラインでのうなずきは「リアルの3倍」

前項で、「うなずきは深く1回」というルールを紹介しました。しかし、これはあくまで対面を前提としたもの。**オンラインでのコミュニケーションではルールが異なります。**

新型コロナウイルスの感染拡大により、人と人とのコミュニケーションが対面の「リアル」から「オンライン」に急激に変化しました。「Ｚｏｏｍ（ズーム）」や「Ｔｅａｍｓ（チームズ）」などの慣れないシステムに苦労した方も多かったでしょう。

当時、私の研究室では急遽、リアルとオンラインの伝え方の違いを比較検討しました。詳しくは拙著『オンラインでの「伝え方」ココが違います！』（すばる舎）に譲りますが、その中で**一番の違いは、うなずき方**だったのです。

繰り返しますが、対面で直接会ってコミュニケーションをとるときは、1回だけ深くうなずく。しかし、オンラインでは複数回、深くうなずいていただきたいのです。

つまり、**オンラインでは、対面以上に反応を大きくする**必要があるのです。

通常私たちは相手の反応を見ながら、話したり伝えたりしてコミュニケーションをとります。しかし、誰でも経験があるように、オンラインでは対面に比べ互いの反応が読み取りづらくなってしまいます。

そのためオンラインでのうなずき方は、回数も、うなずく深さも普段の3倍を目安としてください。大げさなくらいでちょうどいいのです。

さらに、オンラインでは**声を出さずにうなずき**ましょう。なぜなら、オンラインの設定によっては、「はい」と相づちを打つたびに画面が切り替わるからです。頻繁な画面切り替えがあると話の内容に集中できず、ノイズでしかありません。

対面とオンラインの違いを理解し、どちらの場面でも相手とよりよい関係を築くことを目指していきましょう。

POINT

オンラインでは大げさぐらいがちょうどいい

9 あえて「話の途中でメモを始める」ことの効用

相手の話を聞きながらメモをとることは、大事な行動です。

それが打ち合わせの席や、教えてもらう立場の人との会話であればなおさらです。呼ばれて相手のそばへ行くときは、**必ず紙とペンを持っていく**ようにしましょう。手ぶらで行くと、「この人は話の内容を全部覚えられるのかな?」と、相手に不安を与えるかもしれません。

メモに関して印象的だったエピソードがあります。

子どもが小学生の頃に、保護者会に参加したときのことです。

担任の先生から教育についての講和があり、私は話をメモしながら聞いていました。そうしていたところ、担任の先生が「ぜひ矢野さんのお母さんのように、話を聞きながらメモをとっていただければうれしいです。次回からは筆記用具をお持ちください」とおっしゃいました。

私は特別、教育熱心な親というわけではありません。ただ、いつもの仕事のときのクセでなんとなくメモをとっていただけです。その姿が先生には積極的に話を聞いている熱心な親に見えたようで、ありがたい誤解でした。

この一件から私も襟を正し、「なんとなく」ではなく意識的にメモをとり、より真剣に先生のお話を聞くようになりました。

このように、あなたの話の聞き方が相手にどう映るかは、メモの有無で差が出ます。最初からメモをとっていなかった場合、途中からメモをとり出すのも効果的なアピールになります。**相手の話を聞いていて価値があるからメモをしたくなった、と伝わる**からです。

メモを持参するのを忘れていたときは、相手の話の途中であっても「メモをしていいですか？」と聞いてメモを取りに行きましょう。

さらに、その会話を録音や録画をしていたとしても、メモはぜひとってください。

新聞社や放送局の記者は、「取材手帳」という片手に入るメモ帳を持っています。取材中はボイスレコーダーで録音しながら、一緒にメモもとります。

実際に原稿を書くときに、手書きのメモと録音した音声のどちらをより多く参考にするかというと、圧倒的に音声のほうです。

では、なぜ記者はメモをとるのでしょうか。

それは、「きちんと聞いていますよ」という態度を相手に示すためです。

たとえば、囲み取材（公式の記者会見ではない場所で、取材される側を記者団が取り囲んで行う取材のこと）で政治家が話しているとき、映像も音声もとっていたとしても、メモをとらずに聞いている記者はほとんどいません。ある意味、メモをとるのはパフォーマンスなのです。

私たちもメモをとるという行為で**「しっかり聞いています」「きちんと覚えておきます」とアピール**していきましょう。

POINT

メモすることは、「きちんと聞いている」が一番伝わるアクション

10

時計の「チラ見」は悪印象、しっかり見ると好印象

相手の話を聞いている最中に時計を見ると印象が悪くなるので見ないようにする、というマナーを聞いたことがあるかもしれません。確かに、会話の最中に相手が腕時計をチラっと見ていたら、早く話を終えてほしいのかと思ってしまいます。

どうしても時間が気になる場合、かつては相手の腕時計を見るという方法もありました。「かつては」というのは、今はスマホで時間を確認する人が多いため、相手が腕時計をしていないことが増えたからです。

自分の腕時計やスマホを見るときは、チラ見をしないで、むしろしっかりと見たほうが印象はよくなります。時間をさりげなく確認しようとしている姿が、相手からは、気がそれているように見えてしまうのです。時計やスマホを見るときは、顔を下げるのではなく、**時計やスマホを目線まで持ち上げてしっかりと見る**ようにしましょう。

見るタイミングは、相手の話が途切れて間《ま》ができたときや、お茶を飲むなど別の動作

をするとき。これならば自然に見ることができます。

それでも、時計やスマホを見ること自体が失礼になる相手であれば、あらかじめ目線の縦のラインに時計やスマホを置いておくという手があります。

時計が上や横にあったなら、時計を見ようとしたときに目が泳いでしまいます。一方、目線の縦のラインにあれば、時計が自然に目に入るので、目が泳ぐことはありません。

おすすめは**デジタル時計ではなく、針のあるアナログ時計を使う**ことです。そのほうが、針の角度によって一瞬で感覚的に時間を確認することができます。この方法を活用して、対面時にはアナログの腕時計やスマホの時計表示を、メモの横など目線を大きく動かさずに自然に見える位置に置くようにしましょう。

どうしても時間が気になる場合は、タイマーが鳴るようにする、第三者に電話をかけてもらうようにするなど、相手の話を否応なくさえぎるような状況を仕込んでおく作戦もあります。

POINT

時計やスマホは目線の縦ラインに置く

11 第一印象と〝第ゼロ印象〟の一貫性を保つ

今の時代のコミュニケーションの特徴は、実際に会ったときの第一印象の前に〝第ゼロ印象〟があることです。

ひと昔前と違って、ホームページやブログなどのインターネット情報や、フェイスブックやインスタグラムなどのSNSからの情報で、リアルで対面する前にその人の姿を見ることができます。また、ズームやチームズなどのオンラインツールで話すのが初対面ということもあるでしょう。

このように、**実際に対面する前の情報が与える印象**のことを、私は〝第ゼロ印象〟と呼んでいます。

写真や動画だけでなくメールやLINE、電話での印象も〝第ゼロ印象〟です。メールやLINE、電話でやり取りしているときは、きちんとしていたのに、実際に会ってみたら、思ったよりきちんとしていなかったという場合もあるでしょう。

メールの場合、職場で使うフォーマットがあって、それをもらって宛名だけ変えて送っていたり、電話でもマニュアルどおりに話していたり。一見きちんとしているようですが、型にはまらないやり取りになったときに、素が出てしまうのです。

大事なことは、第ゼロ印象と第一印象に差がないことです。

すでに持っている印象と同じであれば、初めて対面したときにも違和感なくスッと受け入れてもらうことができます。

しかし、LINEのやり取りではスタンプも多く親しみやすい人のように感じたのに、実際に会ってみたら、無表情で不愛想だったならば、相手は戸惑ってしまいます。

そうならないためには、自分が相手に与えている第ゼロ印象と第一印象はどんなものかを知っておくこと。次のようなことに注目してみましょう。

お助け！チェック

第ゼロ印象

・SNSのコメント欄で他者からなんと呼ばれているか

例：○○さん、○○ちゃん、あだ名など

・投稿に対して「いいね」をしてくれる人はどういう人か
これで、自分を好ましく思う人たちの傾向がわかる

第一印象

・自分について当ててもらう
初めて参加する異業種交流会などで自分の職業や専門分野、趣味などを当ててもらう
・ストレートに尋ねる
初対面の人にどのような印象を持ったかを尋ねる

このようなワークは、お世辞を言い合っても仕方がありません。自分を高め合うためのトレーニングとして、**正直に開示すると成果を得る**ことができます。

POINT
自分の〝第ゼロ印象〟を正確に把握する

Column
2

オンライン会議の背景で「一体感」を演出する

対面同様に、オンラインでのコミュニケーションであってもスッと打ち解けるための工夫をすることが可能です。そもそも、なぜオンラインでは対面に比べてなかなか互いの距離が近づかないのでしょうか。それは、空間を共有していないからです。

当たり前すぎて意識することはありませんが、対面時に同じ場所に同じ時間に存在し、同じ空気を吸っているという体験は、互いにかなりの好印象を与えているのです。同じ空間で共通体験をしていることによる安心感がその要因です。

オンラインでも、この同じ空間を演出する方法があります。

ズームなどのオンラインシステムで相手とつながった瞬間、あなたはまずどこに注目しますか？

相手の表情や服装はもちろんですが、背景が目に飛び込んでくることでしょう。

当然、自分と相手は違う場所にいますから、違う背景です。

「これはどこだろう？　自宅かな」と、背景から無意識のうちに相手が今どこにいるのかという情報を読み取ろうとします。それによって同じ空間にいないという違いを自分の脳に強調して伝えてしまうのです。

オンラインでも同じ空間にいるような感覚を持つためには、相手と自分の背景を同じものにしてしまいましょう。オンラインシステムの機能として、会議室などの同じ空間の中に自分と相手の映像を並べて配置するサービスもあります。ズームでは「イマーシブ ビュー」、チームズでは「Together モード」という機能です。複数人の参加者をひとつのバーチャル背景に表示することができます。

または、もともと用意されたバーチャル背景を使うのではなく、自分で用意した写真を背景にするのもおススメです。対面で相手とよく会う場所の写真を準備するのです。

たとえば、仕事仲間であれば、打ち合わせで利用する会議室などの写真、友人であれば、よく一緒に出かけておしゃべりするカフェの写真もいいでしょう。実際の風景を写真に撮り、オンラインでつながる前に配付しておくのです。お互い別々の背景で参加するよりも、脳が同じ空間にいるように錯覚して一体感を持つことができます。

この方法は、複数人によるオンラインでチームワークを高めたい場面でも活用できます。たとえば自社と取引先とのオンライン会議では、自社のメンバーは全員同じ背景で参加します。自社やサービスのロゴなどをデザインしてつくってもよいですね。

第3章

「事実のみ」を話すことが「信頼」される第一歩

1

「頑張る」の捉え方は人それぞれ。具体的な行動に置き換える

相手に信頼されるためにもっとも大事なこと、それは「事実のみ」を話すということです。

事実とは、聞いた誰もが同じように受け取ることができる言い方です。

たとえば、「大勢が参加していた」は事実ではありません。

この言葉を聞いたときに、10人を想像する人もいれば、100人の人もいるからです。事実の言い方に変えると「38人が参加していた」となります。「38」という数字は、誰が聞いても同じ理解になるからです。

すでに気心の知れた友人や仲間、家族とは、共通認識ができています。

そのため「今日は、いつもより大勢参加していた」と言えば、いつもが何人くらいなのか、だから「大勢」とは何人くらいなのか、と言葉の裏を理解することができます。

しかし、出会って間もない関係性では、**文脈を読み取るのは難しい**ことです。人によっ

て受け取り方の異なる「大勢」のようなぼかした言葉ではなく、事実に言い換えます。

さらに、**感情も事実ではありません。**

たとえば、「資格試験に合格するように、やる気を出して頑張ります」と口に出しても、**やる気やモチベーションは相手の目には見えない**ものです。「資格試験に合格するように、明日から毎日1時間勉強します」というような目に見える行動で語ると、事実に置き換えたことになります。

もちろん、語るだけではなく、実際に行動も起こすことが大事です。

いつも約束の時間に遅刻してくる人が「遅れてごめん。悪かった、反省した」といくら言っても事実ではなく、それは感情です。どうせまた遅れてくるだろう、と信用してもらえません。そこを「次から約束時間の10分前には到着する」と数字を交えた事実で語り、実際にその通りに10分前には現れることが続いたとします。そうして初めて相手は「本当に反省したんだな」と信じてくれるでしょう。

相手に信頼されるためにあなたがまずすべきことは、今、自分が話していることが事実＝誰もが同じように受け取ることができる言い方、目に見える行動なのかどうかのチェックです。

想像以上に自分が事実ではない言い方ばかりを口にしているのがわかって、驚くことでしょう。

お助け！フレーズ

×「いつもより大勢参加していた」
○「38人が参加していた」
×「資格試験に合格するように、やる気を出して頑張ります」
○「資格試験に合格するように、明日から毎日1時間勉強します」
×「遅れてごめん。悪かった、反省した」
○「次から約束時間の10分前には到着する」

POINT
実際に行動することも忘れずに

2

「98個が納品されました」「18人が参加しています」。必ず数字で語る

相手に「正確さ」を伝え信頼されるための話し方として、基本中の基本と言ってもいいほど重要なことがあります。それは、**数字や固有名詞を入れて話す**ことです。

たとえば、商品100個の注文に対して「98個が納品されました」、集まりに対して「18人が参加しています」など数字で伝えます。

このとき数字や固有名詞を正確に覚える必要はありません。メモを見ながら話せばいいのです。正確さが要求される数字や固有名詞は、メモを見ながら報告したほうがかえって信頼感が増すからです。

ということは、**常にメモ帳を持ち歩く**必要があるということです。ちなみに私はシステム手帳のスケジュール帳の後ろにメモ帳をさし込んで使っています。そうすることで、メモをとることもでき、会話の途中でスケジュールを確認する必要があっても焦ることなく会話を進められます。

もちろんスマホのメモ機能でもかまいません。

ただし、メモを確認しているだけなのに、スマホをいじって集中していない失礼な態度と勘違いをされたら困ります。**「スマホに数字をメモをしているので画面を見ながら失礼します」などひと言添える**ようにしましょう。

数字で語るのは、相手に対して返事をするときも同じです。

「頼んでいたあの書類はできた？」と確認されたとき、「もうすぐできます」「今やっています」と曖昧に返事をするのはＮＧ。「△時までに提出します」というように、具体的に期限を決めて返事をしましょう。

もうひとつ重要なのは、**必ず１次情報で話す**ことです。

１次情報とは、あなた自身が直接見たり聞いたりした情報のことを言います。一方、２次情報とは、第三者を介して得た情報のことを言います。

「ネットで見たのですが」「新聞記事に載っていたのですが」などという漠然とした２次情報では不十分です。ましてや、「みんなが言っていました」という噂話レベルの伝え方は論外です。２次情報だけの会話は、相手からの信頼を勝ち取る「大人の話し方」にはなり得ないことを知りましょう。

「実際に○○に行って（私が）見てきたのですが」「○○社にうかがって（私が）○○さんから聞いたのですが」と、詳しい情報源を明らかにし、1次情報にして伝えます。

お助け！フレーズ

数字を入れた話し方

×「ほとんど納品されました」→○「98個が納品されました」

×「大勢参加しています」→○「18人が参加しています」

×「もうすぐできます」→○「本日の夕方5時までに提出します」

固有名詞を入れた話し方

×「世界各地から参加しています」

○「北は北海道・札幌、南は九州の鹿児島、海外からもニューヨークや台湾と世界各地から参加しています」

×「問い合わせがたくさん来ているそうです」

○「担当の○○さんによると、メールだけでも問い合わせが48件来ているそうです」

1次情報での報告

×「ネットで人気だと見たんですが」

○「ネットで人気だと見たので、私も週末に実際に行って見てきたのですが」

×「新聞で報道されていたのですが」

○「新聞で報道されていたため、問い合わせ窓口に電話で確認したのですが」

POINT
数字や固有名詞を正しくメモし、1次情報で話す

3 失敗をしたらまず応急処置。「今、私にできることは何ですか」と尋ねる

人間ですから、意図せず失敗してしまうことはもちろんあります。地位や年代を問わず、個人のリスクマネジメント（危機管理）は重要です。

とはいえ、実際に大きな失敗をしてしまったときは、呆然として謝ることすらできないこともあるでしょう。私も経験がありますが、大失敗をした本人はショック状態で固まってしまうものです。頭が真っ白になっていると、周りの人たちが代わりに謝り始めたりします。

そんなときには、とりあえず、この言葉を言ってください。

「今、私にできることは何ですか？」

謝らなくてはと焦り**「すみません、すみません」と繰り返していても解決に向かいません。**まずはひと言謝罪したあとで、「今、私にできることは何ですか？」と聞くことです。

してしまったことは事実なので、あとでお叱りを受けるとして、今、自分がやらなければいけないことを質問するのです。これは、いわば応急処置です。その上で、**すべて落ち着いてから、「申し訳ございません」としっかり謝ればいい**のです。

たとえば、約束の時間に遅刻してしまった場合。

「すみません。電車が遅れました」とか、「体調が悪くて」などの謝罪や言い訳ばかりを最初に並べても解決につながりません。それよりも次のような質問をするほうがよほど建設的です。

「すみません。今からでもまだ間に合いますか？」

このように、今何をすべきかを質問しましょう。

お助け！フレーズ

×「すみません。電車が遅れました」

○「すみません。今からでもまだ間に合いますか？」

×「申し訳ありません。初めてだったので」

○「申し訳ありません。今、私にできることは何ですか？」

×「大変申し訳ありません。私が勘違いしておりました」

○「大変申し訳ありません。今から間違ったところを修正して、明日までにもう一度提出してもよろしいでしょうか」

POINT

失敗したときは言い訳せず、何をすべきかを質問する

4 「炎上する謝罪・鎮火する謝罪」。大きな差を生む最初の姿勢

企業向けの謝罪会見対策としてメディアトレーニング（放送局・新聞社などマスメディア対応のスキル訓練）を担当することがあります。

そこでまずクライアントに提案するのは、「1回で記者会見を終えることを目指しましょう」ということです。

よい記者会見は回数も少なく、時間も短く終わる傾向があります。「何も隠していません」「すべて情報開示しました」というのがわかる会見だからです。

一方、悪い記者会見は会見後、新たな事実が出たり、**内容が二転三転したりして、メディアやSNSなどで非難が殺到。**そのたびに火消しのための会見を開かなければならなくなります。

不信感を抱かせないよい記者会見とするためには、あらかじめ資料をメールで送ったり、ネット上に開示したりして、「このことについて担当よりご説明いたします」と伝

えておきます。当日は、質疑応答には時間の許す限りすべて答えることで、隠し事はないという真摯な姿勢を示すのです。

法人が使うこれらのテクニックは、**個人の失敗場面でも応用**できます。

失敗やミスのあとすぐに謝罪をし、経緯を包み隠さず公開するのです。開示できる資料やデータは最初からすべて出しましょう。あとになって、「実はあれもこれも」と小出しにするのがもっともよくない対応です。

初期対応時におすすめの伝え方は、**状況をもれなくそのまま語ること、すなわち「実況中継」**です。

たとえば、

「今回、資料でお示しした数字が間違っていたことについて、今、正しい数字を確認しております。さらに、担当者に指示して原因も調査しているところです。

明日には正しい数字と今回の原因が判明する見込みです。また明日ご連絡いたします。申し訳ありませんが、それまでお時間をいただけますか」

というように、現状ではどのような対応をしているのかそのまま実況中継をします。

「何か隠しているのでは？」と相手に思わせてしまうのが一番の不信感につながりま

す。不信感を持たれないために、経過をすべてリアルタイムで報告していくことが大切です。

失敗時の対応次第で、以前にも増して信頼されることもあり得ます。

失敗で落ち込んでいる暇があったら、後に「災い転じて福となす」と言えるように、**「転んでもただでは起きない」**メンタルの強さを持ちましょう。

お助け！フレーズ

「今回、資料でお示しした数字が間違っていたことについて、今、正しい数字を確認しております。さらに、担当者に指示して原因も調査しているところです。明日には正しい数字と今回の原因が判明する見込みです。また明日ご連絡いたします。申し訳ありませんが、それまでお時間をいただけますか」

「悪い報告をしなければなりません。プロジェクトの進捗が予定より遅れています。この工程表に現状と今後の見通しを資料としてお示ししました。今回の遅延の原因は○○情勢の悪化による供給業者への影響によるものです。

プロジェクトの完了は当初のスケジュールよりも2週間遅れる見込みです。
今後は毎日進捗を報告し、少しでも早く完了できるよう努めることをお約束します」

POINT

経過を隠さず実況中継しながら報告する

5 「お詫びして訂正」と「訂正してお詫び」の本質的な違い

日本語は、最後に言った言葉が強調されます。特に、ふたつの文を重ねるときは、後ろにくる文が強調されます。

NHKでニュースを担当していた頃、番組の中で画面の文字表記に間違いがあったため、正しい表記をお伝えしたあと「お詫びして訂正いたします」と言ったことがありました。新人研修のマニュアルに、そのように書いてあったからです。

しかし、放送終了後に先輩アナウンサーから、「なぜ『お詫びして訂正いたします』と言ったの？」と問いかけられました。「研修で習ったからです」と答えた私に、先輩はこう言いました。

「言葉の順番を考えて」

今になって思うと、先輩が伝えたかったのは、「間違いではないが、もっと効果的な言い方がある」ということだったのでしょう。正しいかどうかだけでなく、「よりよい伝え方がないかよく考えて」という意味です。

「お詫びして訂正」と「訂正してお詫び」は、同じようで違います。

どちらを強調するかが違うのです。

それ以来、私は、**重大ミスの場合は「訂正してお詫び」**を使い、**その他のミスの場合は、「お詫びして訂正」**を使っています。

たとえば、報告していたことが間違っていて訂正するとき、「申し訳ありません。先ほどの◯◯は、△△でした」と言う場合と、「先ほどの◯◯は、△△でした。申し訳ありません」と言うのとでは、ニュアンスが変わります。

訂正内容を強調したいなら「申し訳ありません」を先に、申し訳ないという気持ちを強調したいなら「申し訳ありません」をあとにしましょう。

お助け！フレーズ

● **約束の時間に遅れたとき**

通常「申し訳ありません。お待たせいたしました」
謝罪強調「お待たせいたしました。申し訳ありません」

資料の内容が間違っていたとき

訂正強調「失礼いたしました。先ほど添付した資料は古い物でした。最新版を再送いたします」

謝罪強調「先ほど添付した資料は古い物でした。最新版を再送いたします。失礼いたしました」

お詫びの言葉を最初に言うか最後に言うかで、受け取る側の印象も変わります。意識して使い分けるのが大人の配慮です。

POINT
重大ミスの場合には「訂正してお詫び」

6 強調したいことは「7秒の間《ま》」を置いて伝える

話していて強調したい部分があったら、黙って「間《ま》」を置くと効果的です。どれくらいの間を置くのがよいかというと、7秒間です。

間に関して、**「3分の1と3倍の法則」**と私が呼んでいるものがあります。

これは、話している人には黙っている「間」の時間は実際より3倍の長さに感じられ、聞いている人には3分の1に感じられるというものです。

たとえば5秒間黙っていると、話し手は15秒以上黙っているように感じます。一方、聞き手はほんの2、3秒にしか感じません。

「間」を置くのは、本来はひと息、ワンブレス2、3秒がちょうどいい長さです。しかし、話している本人が3倍の6秒から9秒くらいを意識しないと、実際には2、3秒になりません。

ここでは中間をとって7秒の「間」を置くことをおすすめします。

「間」は、強調したいときにとるようにします。**文と文の間だけでなく、話しているフレーズの途中でもかまいません。**

「ここだけの話ですが、（間）今日決めていただければ、（間）半額にお値引きすることができます」

「ここが大事なポイントなのだけれど、（間）今日中に返事をする、（間）ということが条件らしいよ」

というように、強調したい言葉の前後に、「間」を置くのです。

スピーチ指導では、文の途中で黙ることを、**「テンで黙る」**と説明しています。句読点の句点であるマル（。）だけではなく、読点であるテン（、）でも黙りましょうということです。

文の途中でも勇気を出して、グッと黙ってみることが重要です。

「間」をとるという行為は、初めは怖いものです。

まずは**質問を投げかけたあとに間**をとってみましょう。相手には答えを待っているように見えて、自然に間をとることができます。

「説明は以上です。（間）ここまでよろしいでしょうか。（間）では、次に移ります」

このテクニックには話を整理し、わかりやすくする効果があります。

この質問を投げかけたあとに間をとるやり方に慣れてきたら、次は、強調したい箇所で「間」をとることに挑戦してみてください。

黙ったときに相手から注目される感覚を楽しめるようになってくれば、あなたも「間」の上級者です。

なお、「間」のとり方については、拙著『最高の話し方』（KADOKAWA）で詳しくご紹介しています。興味のある方はご参照ください。

お助け！フレーズ

● **マルで黙る**

「大事なことが3つあります。（間）AとBとCです」

「説明は以上です。（間）ここまでよろしいでしょうか。（間）では、次に移ります」

●テンで黙る

「ここが大事なポイントなのだけれど、（間）今日中に返事をする、（間）ということが条件らしいよ」

「結論から申し上げますと、（間）交渉は成功した、（間）といえます」

「間違えないでほしいのだけれど、（間）明日は朝9時集合で、（間）いつもと違う時間だからね」

POINT

自分で感じる3倍の「間」を置くことを意識する

7 「最新情報」「人脈」「経験」のネタを仕込む

初対面の人に会うときやまだ出会って間もないうちは、話題に困ることもあるでしょう。心がけたいのは、**相手にメリットのある話題を提供する**ということです。

たとえば、まだ社会に出て数年の人であれば、学生時代の話をしていいのかどうか、迷うことがあるかもしれません。

あなたの学生時代の話を聞きたがっている相手には、当然、話していいのです。

若い人を狙った商品を開発している相手に、

「学生のときはこう思っていました」

「今、後輩の間ではこんなことが人気です」

といった情報提供をすることができたら、相手にとってメリットのある話題になります。

相手にとってメリットのある話題が何かわからないときは、**事前に相手の情報を集め**

ましょう。

注目ポイントは「最新情報」と「人脈」、そして「経験」です。

「最新情報」は、**相手が今、力を入れて取り組んでいること**です。

たとえば相手が属する会社や組織、コミュニティのサイトで、今年度は何を重点目標としているのか最新情報を確認することができます。

個人のSNSで新しく始めた趣味などを知ることもできるでしょう。

「人脈」は、取引先や友人関係など、**相手と自分に共通の知り合いがいないか**を探します。

個人のSNSでは簡単に検索できますし、同じ組織、同じ職業、同じ出身地などで調べていくと、意外と世間は狭いもので何らかのつながりが見つかります。

「経験」は、個人のSNSであれば過去の写真や動画までさかのぼり、**読んだ本、受講したセミナー、過去に行った旅行先や店、施設など**を確認します。自分も同じ経験をしていると話題にしやすいでしょう。

反対に自分が経験していないからこそ、質問をすることもできます。質問をすることがなぜ相手のメリットになるのかというと、相手がはまっていることである場合、誰かに話したくてウズウズしていることもあるからです。

会う前に相手のことを調べる人はいますが、たいていは、「○○がお好きだそうですね」「○○をなさっているそうですね」と言ったあと、シーンと静かになって会話が続かなくなります。そう聞かれても、「そうですが、それが何か」となって終わってしまうのです。

相手のメリットとなる話題の切り口をそこにつけ足すことで、下調べの効果が何倍にも広がります。

お助け！フレーズ

最新情報

「御社の今年度の重点目標は、○○の推進らしいですね。実は弊社も同じなのです。ご存じかもしれませんが、○○についての補助金制度がありまして、私たちも申請して活用させてもらっているのですよ。ご興味があれば担当者を紹介しましょうか」

「健康のために○○を始められたとSNSで拝見しました。○○という食材をご存じですか。栄養価が高くダイエットにもおすすめとユーチューブでレシピを紹介していました。この近辺だと○○で購入できるようです」

人脈

「先日、御社の社外取締役に○○さんが加わったとうかがいました。実は○○さんとは高校の同級生です。彼はテニス部の部長でしたが、たしかあなたもテニスをなさるんでしたよね」

経験

「先月、○○に旅行なさったのですよね。SNSの写真を見て一緒に旅行した気分を味わわせてもらいました。日本人で行ったことがある人は少ない土地ですが、何が一番面白かったですか」

どうしても相手が何を欲しがっているのかわからないときは、当たりさわりのない無難な天気の話題でもメリットをつくり出すことができます。

「**天気予報によると、夕方から雨が降るらしいですよ。傘はお持ちですか?**」と言えば、傘を持っていない相手にとってはメリットのある話になります。
ポイントは、自分の話したいことではなく、相手にほんの少しでもメリットを与えることができる話題を選ぶことです。

POINT
どんな話題からでも相手のメリットをつくり出せる

8 自分の「弱点」で貢献する

私の昔話で恐縮ですが、相手へのメリットを考えるというと、ＮＨＫの採用試験を思い出します。

就職活動中に出会ったＮＨＫの職員の方々は皆、いわゆる「高学歴」な人たちばかりでした。東京大学、京都大学、慶應大学、早稲田大学など国立・私立を問わず有名大学卒は当たり前。さらにハーバード大学だ、オックスフォード大学だ、バイリンガルだとグローバルな世界です。そのような優秀な人たちばかりいる組織の中で、私が提供できるＮＨＫへのメリット、つまり私の商品価値は何だろうと考えました。

私の出身大学は決して偏差値が高いとは言えない女子大です。言葉を悪くいえば私の**強みは「秀才ではないこと」**だと思ったのです。それをアピールすることにしました。

採用面接で「どんな番組をつくりたいですか？」と聞かれたときのことです。

当時は、池上彰さんの『週刊こどもニュース』が始まった翌年でした。そこでこう答えたのです。

「私には、NHKのニュースは難しくてわからない。専門用語も多くて理解できない。しかし、池上さんの『週刊こどもニュース』なら理解できる。私がわかるなら、お茶の間の人はきっとみんながわかる。だから、私は自分がわかるニュース、『週刊こどもニュース』のような番組をつくりたい」と。

視聴者の方々は、テレビの前に正座して、集中して見ているわけではありません。家事をしながら、食事をしながらなど、「ながら視聴」で見聞きしている人がほとんどのはずです。そのようなときは、どんなに賢い人でも集中力が欠けています。そういう方々でもわかりやすい言葉を使い、わかりやすい表現やVTRを工夫し、わかりやすいニュースをつくりたい、と話したのです。

結果は無事に採用。この回答が採用につながった理由のひとつではないかと思っています。

新しいコミュニティの仲間に入れてもらうときは、相手にどんな貢献ができるかを考えてみましょう。**どんな役割を果たすことができるか、**です。そしてそれはなぜなのかも考えてみましょう。

たとえそれが自分にとっては恥ずかしいことや弱点であったとしても、周囲のお役に立つことなのであれば、価値があることに変わります。

新しい場にふさわしい人間として歓迎されるだけでなく、自分にも自信をつけることができる**一石二鳥の考え方**です。

お助け！フレーズ

「地方出身ですから、○○に関する不便さはよく理解できます」

「大学時代、留年した経験がありますから、○○の苦労がわかります」

「○○という病気になったことがあるので、闘病中の不安な気持ちがわかります」


ある医療法人経営者が、こんな話を教えてくれました。

糖尿病治療を専門に行っているその病院では、糖尿病を持病とする看護師やスタッフを積極的に採用しているそうです。

特に小児糖尿病を経験したスタッフは、子どもの患者に対して自分の成長期を思い出しながら経験談を語り、寄り添うことができます。患者親子からも安心できると喜ばれているということです。

そのスタッフは自分のつらい闘病経験を看護という今の仕事に活かし、職場に貢献しているのです。ちなみに、その病院では、こうしたスタッフに必要な定期検査は無料で実施しているそうです。互いがメリットを与え合う素晴らしい組織といえるでしょう。

自分が得意だから貢献できることだけではなく、**不得意で弱点であるからこそ何か貢献できないか**も併せて考えてみてください。

POINT
自分が貢献できるポイントは何かを考える

9

「他者評価」で自分の「商品価値」を知る

自分が貢献できる点、自分の商品価値を自分では見つけ出せないとき、とっておきの方法があります。**他人に聞く**ことです。

そこで力になってくれるのは、そのコミュニティにあなたを招き入れてくれた人です。

プロジェクトチームに抜擢してくれた上司、入社面接で面接官だった担当者、異業種の勉強会に誘ってくれた先輩、趣味の会を紹介してくれた友人など、**「きっかけ」をつくってくれた人のことを思い出してみましょう。**

たとえば、趣味の集まりに誘ってくれた友人。

誘ってくれた理由を問えば、「君も職場の働き方改革で休みがとりやすくなったようだったし、何よりその博学でみんなも毎回勉強させてもらっている」「あなたも子どもが大きくなって誘いやすくなったし、あなたが来てくれたおかげでチームのムードも明るくなった」などと答えてくれるでしょう。

何かを評価されたから、あなたはその場にいるのです。自分のどこを認めてもらったのかを知っておくこと。それがあなたの財産となります。

たとえば、採用試験の際の面接官に、「私のどこをいいと思って選んでくださったのですか？」と聞くことです。

大学で、第1志望の企業から内定をもらった学生が報告しに来てくれました。就職面接では、周囲は年上の大学院生ばかりで学部生の彼は緊張してうまくできなかったと思っていたそうです。

そのため内定の連絡をもらったときに人事担当者に理由を聞いてみたところ、自分の短所として「血の気が多い」と答えたのが印象に残ったと言われたそうです。

その学生は、「血の気が多いのは私の悩みです」と言うのですが、そこが企業からは積極的で元気がある学生として評価されたのです。研究職だったのも関係があるのかもしれません。「血の気の多い」彼の性格が職場に活気を与えることを期待されたのでしょう。

このように**自己評価と他者評価は、まったく違っている場合が多い**ものです。そのコミュニティにおけるあなたの本当の価値を知り、それを語れるようにしておきましょう。

お助け！フレーズ

●ビジネス

「私がチームに貢献できているとしたら、どのような点でしょうか」

「私が○○［特徴］なことは自覚しているのですが、このままでよいでしょうか？」

●プライベート

「どうして私も誘ってくれたの？」

「みんな私のことをどんなキャラと思っているのかな？」

自分の商品価値を知ったなら、次はそれを他者に語ることです。

たとえば、自己紹介で、こんな会話が交わされるかもしれません。

「はじめまして！　新しく入りました○○です！　よろしくお願いします！」

「声が大きくて元気いいね」

「はい！　友人からも『会うとこっちまで元気になる』とよく言われます！」

と、相手に自分の特徴を長所として印象づけることができます。

このように「他人からもこのような評価をもらっています」という形で他者評価の表現ができるのが理想です。

もちろん前述の、そのコミュニティにあなたを招き入れてくれた人からの評価は、コミュニティ内で語るネタとして有効活用できるでしょう。

POINT

なぜ仲間に入れてくれたのかを聞いてみよう

10 初対面では、相手の下調べをした上で「ひとつだけ」質問を考える

これから会う相手に対しては、**徹底的に「下調べ」**をしましょう。

所属する組織のホームページ、個人のインスタグラムやX（旧ツイッター）、フェイスブックなどのSNSはもちろん、該当するのであればブログ、インタビュー記事、出版した本など、すべて目を通しておくようにします。

インターネットで公開されているということは、いわば公的情報です。公的情報はすべて調べておくことです。

番組制作の現場には、「リサーチャー」と言われる情報として取り上げるとよさそうな人物やネタなどを調べる専門職があります。リサーチャーも、調べる手段はインターネットが主流だそうです。一般の方が使えない媒体を使って調べているわけではないのです。ぜひあなたも、**リサーチャーになった気分**で相手のことを興味を持って調べてみてください。

相手はそんな著名人ではない、と思っても、まずはグーグルなどで名前を検索してみましょう。**自分は使用していないSNSに登録している情報**が出てくるかもしれません。たとえばグローバルにビジネスをするために「LinkedIn（リンクトイン）」に登録していた、などです。

また、すでに知っている相手のことは調べないでいいと思いがちですが、本章の7項で述べたように相手の「最新情報」を調べておくのは有効です。**すでに知っている人ほど下調べが効いてきます。**

下調べを十分にするのは大切ですが、実際の対面の場で質問をたくさん考えていって、それを順番に聞くようなことは避けましょう。一問一答のようになり、**その人が本当に伝えたいことを話してもらうことができなくなる**可能性があるからです。

下調べをした上で、最初のひとつの質問だけを考えていきます。あとは、その場その場で、しっかりと話を聞きながら進めていくことです。

最初の質問とは、

「最近は地方への出張も多いようですね」

「先日のイベントは盛り上がったようですね」

「ペットの写真を拝見しました。かわいいですね！」

などです。第2章4項で紹介した**「ね」をつけて質問**します。

さらに、「あなたのことをちゃんと調べていますよ。知っていますよ」とさりげなく伝えるためには、**何を見たのかを一緒に伝える**ことです。「なんで知っているのか」と、相手が警戒するのを避けるためです。

「この前の食事会は盛り上がったそうですね。参加していた○○さんからうかがいました」

「先日インスタグラムにアップなさっていた○○の写真、拝見しました。おいしそうでしたね。どちらのお店ですか？」

と話を聞いた相手の名前やSNSなどの情報源を明確にします。

なお、ここで注意したいのは、**不用意に「いつも」という言葉を使わない**ことです。

「いつもインスタグラムを見ています」「いつもメールマガジンを拝読しています」というような「いつも」は、本当に「いつも」見ているとき以外は使用厳禁です。

ビジネス書評メールマガジン「ビジネスブックマラソン」を発行する土井英司さんが、あるとき苦笑いしながらこんな話を教えてくれました。

土井さんは、現在、東京と長崎の2拠点生活を送っています。

仕事柄、土井さんにはたくさんの書籍が出版社や著者から献本されます。ほとんどの書籍は長崎のオフィスに送られてきますが、なかには、「いつもメルマガを読んでいます」という手紙とともに、東京のオフィス宛に送られてくることがあるそうです。メルマガでは、土井さんが普段暮らしている長崎での生活についても「いつも」書かれているのに、です。

このように適当に「いつも」を使ってしまうと、いい加減な人と思われてしまうでしょう。

私が経験した、ある企業での出来事です。

丸の内にある日本を代表する大手企業の本社ビルで、研修の打ち合わせをしました。受付に迎えに来てくれた担当者は、私の執筆した本2冊を抱えていました。しかも、本には付箋がびっしりとついています。

高層階の会議室へ向かうエレベーターの中の雑談で、その担当者が私の著書をすべて読んだだけでなく、メールマガジンにも登録し、連載記事もすべて読み、セミナーのDVD映像も購入し見てくれていたことを知りました。それも、詳細をきちんと読み込んでいなければわからないことを話してくれるのです。

その後、会議室で細かな研修の打ち合わせをしたのですが、どんな提案をされても、先方の要望に対して「YES」と受け入れてしまいました。しかも、気持ちよく。

事前に下調べを行い、打ち合わせ前にそのことを伝えて場をあたためる、**完璧な「先手必勝」の交渉術**でした。

POINT

話す前に、勝負は決まっている

11

2回目に会うときは「この前は○○のことでありがとう」から始める

初対面のあと、2回目に会うとき、どんな話をすれば引き続き打ち解けることができるでしょうか。

よく聞くのは、「きどにたてかけし衣食住」と言われる当たりさわりなく盛り上がる話題を選ぶ方法です。

具体的には、き・季節や気候、ど・道楽（趣味）、に・ニュース、た・旅、て・テレビ、か・家族、け・健康、し・仕事、衣・衣服、食・食べ物、住・住まいです。これらは、共感される話題であり、「いや、それは違う」と否定されることの少ない内容です。

お助け！フレーズ

季節「今年は去年よりも暑い日が多いですよね」

趣味・テレビ「最近、海外ドラマにはまっているんです。○○さんもご覧になりますか？」

ニュース「昨日の〇〇の試合、ご覧になりましたか？　日本チームの戦いぶりは世界に誇れる大健闘でしたよね」
家族「ご家族は皆さんお変わりないですか？」
健康「今年はインフルエンザが流行しているようですね」

ただし、「きどにたてかけし衣食住」は無難ではありますが、この人ともっと話したい、と相手を引きつける力は残念ながら強くはありません。

「大人の話し方」らしくコミュニケーションの効果も狙えるおすすめの話題は、**前回会ったときの話をする**ことです。前回の共通体験を思い出してもらうことで、一体感を持たせることができます。簡単なのに効果的な話題です。

「この前は〇〇について教えていただき、ありがとうございました」

というように、**「この前は」をつけて、ちょっとしたお礼を言う**のです。

「おかげさまで〇〇をしたときに、教えていただいた内容を活かしてうまく△△することができました。ありがとうございます」

このように結果の報告をするのもいいでしょう。いい結果であるときはもちろんお礼を添えます。

ここまで読んで、「それだと、前回の話の内容を覚えておかないといけないじゃないか！」と難しく思った方もいらっしゃるかもしれません。しかし、**そこまでするから差がつく**のです。確かに、この方法を使うには、毎回、対面したときにどんな話で盛り上がったかについて忘れないようにメモをして記録しておく必要があります。メモのとり方については第2章9項や、次項を参考にしてください。

では、**3回目以降の面会の場合**はどうでしょう？

「前回お会いしたあと、メールでこんなやり取りをしましたね」というように、前回の対面との間にとった別のコミュニケーションについて話題にするのもいいでしょう。

さらに、ひと工夫して積極的な姿勢を伝えるには、**それまでに相手から得た情報を膨らませて話す**のがおすすめです。

たとえば、「落語がお好きとおっしゃっていましたよね。私も先日、初めて寄席に行ってみたのですが、初心者には難しいことが多くて。楽しむコツを教えていただけませんか」というように、以前の話題に、何か新しい話題を加えて話します。

話題は何でもかまいません。相手の話した内容に対してあなたが行動を起こしたという事実に対し、相手は信頼感を抱き、あなたを受け入れてくれるのです。

お助け！フレーズ

「落語がお好きとおっしゃっていましたよね。私も先日、初めて寄席に行ってみたのですが、初心者には難しいことが多くて。楽しむコツを教えていただけませんか」

「先日ご推薦いただいた『〇〇〇〇』という本を早速読みました。××という点が興味深かったです。同じ著者で他におすすめの本がありますか？」

「この前、ダイエットを始めたと言っていたよね。だから今日はメニューにカロリーと糖質が表示されているお店を選んだよ」

POINT
相手の話を受けて行動を起こすと、深い信頼につながる

12 苦手な人と打ち解けるには「実験記録」を活用する

日々のコミュニケーションは実験のようなもの。試してみて修正して、また試す、の連続です。実験の結果を有効に活用するには、**「実験記録」**は欠かせません。

自分ではいまひとつな話だと思っても相手のリアクションがよかったり、逆に、面白い話だと思ってもリアクションが薄かったりといったことは、よくあることです。そこで、あなたが話したことに対して、**相手からどんな反応があったかをメモとして書き留めておく**ことをおすすめします。これが「実験記録」というわけです。

書き留める際のポイントは「反応別にする」ことです。

たとえば「共感してもらえる話」「一緒に笑える話」「質問をもらえる話」など個々のネタに分けて、相手からどのような反応を得て、どのような雰囲気で会話できたのかをまとめておきます。

そうすると、今日会う相手とは楽しく話をしたいから「一緒に笑える話」リストを事前に確認、など目的によって何を話すかを準備することができます。

書き留めておくのは、

①いつ・誰に・どんな話をしたか
②聞き手はどんな反応だったか
③今後の活用アイデア

の3つです。③は、あの話はこんな相手に活用するとよさそうだというアイデアを思いついたときに追記していきましょう。

この記録は、アナログのノートや手帳だけではなく、デジタルツールも活用したいところです。スマホ内やクラウド上にデータを保存しておけば、いつでも確認することができます。さらに、名前で検索すれば、相手に前回会ったときにどんな話をしたかも振り返ることができ便利です。

この実験記録をより充実させるために**心がけてほしいのは、苦手な人と話すことで**

す。具体的には、目上の人や少し気難しそうな人、自分とは共通項が少なく話しづらいと感じてしまう人です。

記録をとり続けることで、自分が苦手と感じている人とでも、どんな話題であれば自然と打ち解けながら会話ができるのか傾向が見えてきます。

あなたがその人を**苦手と感じているのは、相手のせいではなく、話題に問題があるの**かもしれないのです。話題を変えることで、苦手な相手ともいつのまにか打ち解けることができるかもしれません。

POINT
コミュニケーションの「実験記録」をとる

13 「ビッグマウス」で会話するふたつの効果

大きな夢を語るのは、人間の特権です。

たとえ人が笑うような内容でも、ビッグマウスと批判されるような内容でもかまいません。人前でおおっぴらに宣言してしまいましょう。

ある意味、まだ**人間関係が深まっていない最初のほうが怖いもの知らず**で、言いやすいかもしれません。

大きな夢を語るのがうまいのが、ソフトバンクグループ創業者の孫正義さんです。孫さんは公言するのもはばかられるような大きな夢のことを「大ボラ」と表現しています。自身だけでなく、松下幸之助（パナソニック ホールディングス創業者）、本田宗一郎（本田技研工業創業者）、盛田昭夫（ソニー創業者）といった戦前戦後の偉大な経営者の名前を挙げ、彼らは大ボラふきだった、大ボラが日本の活力だったとして、ホラをふくことをすすめています。そんな孫さんが面白い提案をしています。

「この大ボラというと、何か日本語ではちょっと悪い言葉のように聞こえるかもしれませんが、英語に直すとなかなか良いんです。英語に直すと、ビッグビジョンと言うんですね。（中略）大ボラというと何かいかがわしい感じです。ビッグビジョンというと、何か途端に格好いい感じになります」（2019年6月、ソフトバンクグループ第39回定時株主総会）

あなたも「ホラだと思って聞いてください」「ビッグビジョンですが」「ビッグマウスだと思って聞いてください」と前置きして言い出せば、大きな夢を話しやすいかもしれません。

ビッグマウスには、周囲に宣言したことで後に引けなくなり、努力するという心理的な効果もあります。**ダイエットなど目標達成のためにコミットするのと同**じです。

さらに興味深いことは、孫さんは、これらの発言について「ホラだけど、実は思っていたこと」「つい正直に言ってしまった」と語っていることです。

私は上場企業の経営陣に株主総会でのスピーチ指導をする際、よくこう問いかけます。

「公言できないということは、その数値目標を達成できると、あなた自身が信じていないからではありませんか」

人に言えるということは、イコール、自分の可能性を信じることができていることなのです。

他の誰が否定しても、自分だけは自分のことを信じるのが情熱です。

これから先、どういうことをしたいのか。その結果、社会をどのように変えていきたいのか。こうした大きな夢を公言しましょう。

夢を人に言うのは恥ずかしいと感じる人は、なぜ恥ずかしいのか自問自答してみてください。たとえば、海外で働きたいと思っていても人に言えないなら、それはなぜなのかを考えます。その裏には、心底できると思っていない、つまり、自信がないということがあるかもしれません。

次に、その自信のなさはどこから来るのかを分析します。

「英語がしゃべれないから」と思ったなら、英語の勉強を頑張ればいいだけです。

「周りが反対するから」と思ったなら、第1章16項で紹介した「ずっと」という言葉を使って表現し、応援してもらえる環境を整えていく努力をすればいいだけです。

あなたのやりたいことを周りに公言し応援者を増やしましょう。そこから大きな夢が叶っていきます。

公言するときは、具体的な数字や時期を入れるとさらにいいでしょう。

お助け！フレーズ

「○年後までに、売上○億円を達成する」

「○○（時期）までにSNSのフォロワーを○万人に増やす」

「夏までに○キロのダイエットに成功し、新しく買った洋服を着られるようにする」

また、**「アファメーション（肯定的自己宣言）」**を公言するのもおすすめです。

これは心理学的なトレーニング方法で、具体的には、ポジティブな言葉を自分に宣言することにより、潜在意識を塗り替え自分自身を変えていくものです。

お助け！フレーズ

「○○（希望の肩書・職種・資格など）に私はなる」

「△△（時期）までに、○○（希望の肩書・職種・資格など）に私はなります」

なお、この「アファメーション（肯定的自己宣言）」については、第5章8項でもご紹介します。

POINT
「ホラだと思って聞いて」と前置きして大きな夢を語ろう

Column
3
複数のコミュニケーション手段を組み合わせて親しくなる

今、私たちはたくさんのコミュニケーション手段を持っています。

まず対面かオンラインか。

オンラインであればメールやLINEといったテキストベースのもの、「Voicy（ボイシー）」などの音声SNS、ズームなどの映像と音声を使うものなど。

これらの特徴を明確に区別して使い分けることで、相手との関係性を効率的に深めることができます。

コミュニケーションの手段は、たとえば、「伝わる要素」の違いで順番に使い分けるのも一案です。要素を「少ない→多い」の順番で並べると次のようになります。

①テキストコミュニケーション……文字や記号、絵文字のみが伝わる。メール、LINE、葉書、手紙など

②音声コミュニケーション……自分の声で伝わる。電話、ボイスメール、音声SNS（クラブハウス、ボイシーなど）など

③ビデオコミュニケーション……映像と音声が同時に伝わる。ズーム、チームズ、スカイプ、ユーチューブなど
④対面コミュニケーション……物理的に同じ空間で、言語、音声、視覚の情報が伝わる

これらの要素を組み合わせて使うことができる媒体もあります。

たとえば、インスタグラムは写真やビデオの共有というビデオコミュニケーションがメインの方法ですが、「いいね！」やコメントを送ることでテキストコミュニケーションも同時に行うことができます。

さらに、こうした伝わる要素の違いに、リアルタイムか否かという時間の違いも加わります。

ビデオコミュニケーションの中でもユーチューブやフェイスブックでは、収録したものを後日配信しているものと、リアルタイムで配信しているものがあります。

こうしたさまざまなコミュニケーション手段を組み合わせていくことがおすすめです。

たとえば、また④対面で会いたいと思う人には、次に会うまでに他の手段、つまり、

①テキストコミュニケーション
②音声コミュニケーション
③ビデオコミュニケーション
で連絡をしておくのです。

複数の手段を組み合わせることで、対面では1回、短時間しか会っていなくても関係性を深めることができます。対面した時間と信頼関係は比例しません。

④1回目の対面コミュニケーション
会食をする
←
①テキストコミュニケーション
「楽しかったね。ありがとう」とLINEを送る
←
③ビデオコミュニケーション
「この前、一緒に撮ったビデオを送ります」とメッセージを添えて、会食時に撮影した

動画を送付

↓

②音声コミュニケーション

「次にまたみんなで会いましょう」と誘って、電話で日時やお店などを相談

↓

④2回目の対面コミュニケーション

このように毎回の対面と対面の間に、架け橋になるような別のコミュニケーションを挟んでおくと、次に会ったときの距離感がぐっと近づきます。

第4章

余計なひと言を発しないのが「大人の敬語」

1

「意味のないことは言葉にしない」

「話しすぎた」「余計なことを言いすぎた」と、後悔した経験がある人も多いでしょう。

特に、相手のことをまだよく理解していない段階で起こしがちなミスです。余計なひと言を発したばかりに、せっかく築きかけていた信頼を損なっては泣くに泣けません。

私がNHKで教わったことのひとつは、「意味のないことは言葉にしない」です。限られた貴重な放送時間なのだから適当に相づちを打ったり、関係のない余計なひと言を話したりするなということ。つまり、「目的がないなら黙っていろ」ということです。

相手が話し終わったから次は自分が何か言わなければいけないと思い、つい余計なひと言を言ってしまう人もいるでしょう。しかし、ここは我慢。

相手の話に対して、同意する・反対するなどの明確な目的がないなら、余計なことを話さず、ただ黙っておくほうが無難です。

よくある失敗例は、他人の悪口。

あなたが、Aさんの悪口を言っていたと噂されたとしましょう。Aさんのことはよく知らないしそんな覚えはない、とあなたは驚き焦るかもしれません。しかし、よくよく思い返してみると、周囲がAさんの悪口を言っていたときに、「そうだよね」と相づちを打っていたとしたら？　その余計なひと言で、あなたは同意したことになっているのです。

余計なひと言は、無理やり何かを言葉にしようとしたときに生まれます。わからないときはただ黙っておくことです。

ただし、沈黙ほど難しいリアクションはありません。失敗すると、無反応という失礼な態度になってしまいます。こんなときは**うなずく角度や回数を変える**ことで、声は出さず黙っていたとしてもきちんと相手の話にリアクションをしていることが伝わります。うなずくことで同意ととられることが心配なときは、うなずく代わりに目を閉じましょう。**相手の話に対する意見を保留するという姿勢を示す**ことができます。

POINT
目的のないときは言葉は出さず、黙っておくこと

2 「忘れていました」とあえて言う必要はない

報告をしようと思っていたのに、うっかり忘れてしまったとき、「忘れていました」と正直に伝える人も多いでしょう。でも、これも余計なひと言。伝える必要はありません。いい加減な印象を与えてしまうからです。

こんなとき**役立つのが「先日」というフレーズ**です。次を比べてみてください。

お助け！フレーズ

×「言い忘れていましたが、先週金曜日に、お客様と電話で○○というやり取りがありました。その件で再度、本日午前中にお問い合わせがありました」

○「本日午前中、お客様からお問い合わせがありましたのでご報告します。先日、○○というやり取りがあったことの対応についてです」

最初のひと言が、それ以降の話の印象を左右します。その大切な最初のひと言でわざわざ「言い忘れていましたが」と伝える必要があるでしょうか。なんでも正直に言えばいいというものでもありません。後者のように「本日午前中」という近い時間の出来事を優先して最初に伝えれば、言い忘れたように聞こえなくなります。

この言い方は、テレビ番組制作の業界で「暇ネタ」と呼ばれるものから発想しています。「暇ネタ」とは、いつでも使えるフリーストックネタのことを言います。

たとえば「○○動物園で××の赤ちゃんが誕生しました」「○○に新しいお店がオープンし、人気を集めています」というような話題です。

ニュースは、NEW（新しい）の複数形のNEWSからきています。ほとんどの場合、その日に取材したネタは当日のうちに放送しなければNEWSではありません。一方、数日遅れても問題ない内容であれば「暇ネタ」です。

そこで番組では数日経ってNEWS（ニュース）ではなくなってしまった**「暇ネタ」を、いかにニュースにするか**ということを考えます。

その方法のひとつが、アナウンサーが伝えるときに「先日」という言葉を使うことです。その当日の話題ではないものを放送するとき、詳細な日付を言うと、「なんで今日、放送するの」と言われかねません。そこで言葉では「先日」とぼかしてしまうのです。

△「先月半ば、○○に新しいお店がオープンし、人気を集めています」

○「先日、○○に新しいお店がオープンし、人気を集めています」

ただし、このままだとニュース番組としての信憑性が落ちてしまいます。そこで映像には字幕で正確な日付を記しておきます。正確な日付を言葉では言わないだけです。

これを応用したのが、先ほどの「お助け！フレーズ」というわけです。

さらに、伝えようと思っていて、**つい忘れてしまうことがあるのが「お礼」**。すぐにお礼をすべきだったのに、きちんとあとで文章を考えてお礼をしようと後回しにしていたら、そのまま忘れてしまったということがありませんか。

そんなときも「先日」が助けてくれます。次に会ったときに、「お会いすると思ったので、先日のお礼にこれを持ってきました」というように「先日」を使ってみましょう。

お助け！フレーズ

△「お礼を言うのをすっかり忘れてしまっており、失礼いたしました。今日お会いす

ると思ったので、お礼にこれを持ってきました」

○「お会いすると思ったので、先日のお礼にこれを持ってきました」

これを応用して、「○○を見たら、△△さんのことを思い出して、先日のお礼を言いたくなりました」というメッセージを送る手もあります。**「思い出した」というフレーズを使えば、「わざわざ連絡をくれたのだな」と好印象**を持ってもらえます。

お助け！フレーズ

「○○を見たら、△△さんのことを思い出して、先日のお礼を言いたくなりました」

「ご指導いただいたプレゼンテーションの本番が先日終わりました。おかげさまでうまくいきました」

POINT

「先日」という言葉を使いこなして、ベストタイミングでメッセージを伝える

3 おじぎは頭の下げ方ではなく「頭の止め方」がカギ

おじぎにはふたつの顔があることをご存じですか。

ひとつは相手に対する敬意を示す**「マナー」としてのおじぎ。**もうひとつは**「コミュニケーションスキル」としてのおじぎ**です。

マナーとしてのおじぎは、頭を下げる角度が重要です。15度、30度、45度と深く下げるほど相手は丁寧に受け止めます。

一方、コミュニケーションスキルとしておじぎを考えるときは、頭の下げ方ではなく、止め方がポイントになります。「止まる」ところにきちんと感が出るからです。これはベテランのビジネスパーソンでも意外とできていないものです。

お助け！アクション

①おじぎをするときは、頭を下げたらいったん止める

②止まってひと息ついてから、体を起こす

頭を下げる動作を相手に見せるというより、**「頭を下げてしっかりと止まったところを相手に見せる」**のがおじぎのポイントです。そうすることで、相手に対する敬意が印象づけられます。さっと頭を下げてすぐに体を起こすのはいい加減なおじぎです。「止まったところ」を相手が認識して初めておじぎをしたことになります。

気をつけたいのは、**話をしながらおじぎをしない**こと。必ず、言葉と動作を分けます。たとえば、「ありがとうございます」と言いながらおじぎをするのではなく、おじぎをしてから「ありがとうございます」と言葉を口にします。

この場合、動作が先で言葉があとです。なぜなら、「ありがとう」と心から思ったなら、本来は言葉が出るよりも先に、身体が動いてしまうものだからです。

つまり、言葉より先に身体を動かすと、相手にはあなたが本心で言っているように伝わるのです。

マナー研修では、逆のことを習うかもしれません。「ありがとうございます」と言ってからおじぎをしなさい、と。接客業では、それは間違いではありません。本心を伝え

ることよりも、相手を尊重しながら接客していることを重要とする立場もありうるからです。

言葉が先か、おじぎが先か。どちらが正しいというより、マナーなのかコミュニケーションなのか、目的次第で使い分けましょう。

相手とスッと打ち解けることを目的とするのであれば、おじぎが先で、言葉があと。頭を下げたらピタッと止める。そのことを意識してください。

POINT
目的によっておじぎを使い分ける

4 名刺交換では「相手の目を見続ける」

オンライン会議の普及で名刺交換の機会そのものが減ったという人も多いかもしれません。

だからこそ、貴重なチャンスを有効に活かすために、新人はもちろん、中堅、ベテランであっても、**コミュニケーションスキルとして有効な名刺交換ができているか**見直しが必要です。

名刺交換で、相手に失礼のないように敬意を伝えつつ自分を強く印象づけるには、先手を打つこと。

先手を打つとは、先に相手の目を見るということです。

名刺交換では、たいてい、手元にあるお互いの名刺を見ているため、相手と目が合わないことが多いものです。

もし名刺から目を上げたとき、相手がこちらを見ていたらドキッとしませんか。

先に相手の目を見ておくことで、自分を強く印象づけることができるのです。

基本的な名刺交換の方法では、目下あるいは訪問者のほうから先に名刺を出します。名刺を片手で持ち、もう片方の手を添えながら、相手に正面を向けて差し出します。「○○と申します。よろしくお願いいたします」というように名乗りながら、相手が差し出した名刺の高さよりも低い位置で差し出し、謙虚さを表します。

同時に名刺を差し出している場合は、お互い右手で差し出し、左手で受け取るようにしましょう。

目上・目下という**人間関係がはっきりしないときは、先に渡すほうが無難**です。

一般的に名刺交換をするときは、名乗り終わったあたりでお互い目を合わせます。しかし、先に相手の目を見るためには、名刺を渡しながら、「○○と申します。よろしくお願いいたします」と言う間ずっと相手の目を見続けて待っていてほしいのです。相手は、名刺を見たあとに必ず顔を上げるので、そのときにしっかりと目を合わせます。

いったん目を合わせたなら、視線を外してかまいません。

政治家や上場企業の経営幹部にお会いして、この方法で名刺をお渡しすると、たいてい、私が見ているのと同時に相手も同じように、こちらの目を見ています。

そのとき一瞬、**自分の能力を読み取られているような緊張感**が走ります。

彼らは名刺交換の際に、相手のやる気や熱意を測っているのでしょう。

ぜひ実践してみてください。

POINT

しっかり視線を合わせて、やる気や熱意を見せる

5

「一応」「とりあえず」で相手をがっかりさせない

相手とスッと打ち解けるためには、そこに上下関係があるのは望ましくありません。

対等な人間関係を築くために、使わないほうがいい言葉を押さえておきましょう。

まず、「了解しました」「なるほど」。これらの言葉は、目上の人から目下の人に対して使う言葉なので、使わないほうがいいでしょう。

「ご苦労さま」というのも、目下に対して使う言葉です。「お疲れさま」を使いましょう。

このような、最初から目上・目下といった立ち位置が言葉自体に含まれている言葉は使わないということです。

評価を自ら下げる言葉も注意しましょう。

たとえば、「一応」。

自己紹介で「一応、○○関係の仕事をしています」「一応、○○の資格を持っています」などと言っていませんか。

謙遜かもしれませんが、もったいないことです。

これから人間関係を築くという大事な場面で、わざわざ自分で自分の価値を下げる必要はありません。事実として堂々と言い切りましょう。

「とりあえず」も同じです。自分の行動の価値を下げる言葉です。

相手から何かを依頼されたことに対して、「とりあえず、やりました」と返事をしてしまう。そうすると、嫌々、または、間に合わせでしているようにとられかねません。

「燃えるゴミを出しておいて」と依頼したときに、相手に「とりあえず出しておいた」と答えられたら正しい収集場所に出したのか不安になります。

同じように、「資料にまとめてください」と依頼したときに、「とりあえずまとめました」と答えられたら、その完成度は期待できない気がします。

上から目線の言葉や不要な謙遜言葉は、相手との関係に必要以上の距離を生み出してしまいます。せっかく心を開いてくれていた相手に対し逆効果となってしまうかもしれません。これらの言葉は極力、使わないようにしましょう。

お助け！フレーズ

×「なるほど」「了解しました」↓○使わない

×「ご苦労さまでした」↓○「お疲れさまでした」

×「とりあえず」「一応」↓○使わない

POINT

評価を下げる言葉は使わない

6 感じのいい人が絶対口にしない「3大タブー言葉」

印象がいい人と悪い人の差は、返事に現れます。印象が悪い人は、相手への返事にたいてい、3大タブー言葉を使っています。

3大タブー言葉とは、「了解」「なるほど」「参考になりました」です。

前項でお伝えした「了解しました」「なるほど」はタブー言葉にもあたるのです。「了解」はよく使う言葉です。しかし、一般的なビジネスマナーとして、目上の人に使うのは避けたほうがいいとされています。文法的には間違いではありませんが、失礼と思う人がいる以上、避けたほうがいいでしょう。

文字だけのメッセージにおいて「了解」を「りょ」「り」と略するのはもちろんNG。「了解しました」と敬語にしたところで相手への敬意が伝わりづらいのは同じです。「なるほど」は、目上の人が目下の人の意見を判断するときに使う言葉です。使いたいときは、相手との関係や立場をよく確認してから使いましょう。

「参考になりました」もまた、失礼な言い方です。「参考にするけれど、言うことは聞かないよ」というニュアンスを感じさせてしまうからです。「せっかく教えたのに参考程度にしかならなかったのか」と、相手に思わせてしまう危険性があります。

注意すべきは、これら3大タブー言葉が、無意識に返事として口グセになってしまっているケースです。自分が話すときには気を配るのに、**返事はわずかひと言、ふた言だけだからと軽く捉えていると大怪我のもと**です。言い換える工夫をしましょう。

お助け!フレーズ

×「了解しました」→○「承知しました」「かしこまりました」

×「なるほど」→○「ご教示いただきありがとうございます」「理解しました」

×「参考になりました」→○「勉強になります」「ぜひそうさせていただきます」

POINT

無意識のログセを相手は見ている

7 NHKアナウンサーが今でも丁寧に「辞書を引く」理由

NHKでは、アナウンサーは、本番で口に出そうと思った言葉は必ず事前に、辞書を引いていました。それも、インターネット上で意味を検索するだけではなく、『広辞苑』や『日本国語大辞典』のような辞書を引きます。

そうすると、言葉によっては**「本来は……」という説明が記載**されています。

たとえば、「やっぱり」という言葉。

辞書を引くと、「『やはり』の変化したもの」と書いてあります。つまり、「やっぱり」という言葉は日常会話や親しい間柄で使うもので、ビジネスシーンやプライベートであっても出会って間もないうちはふさわしくない言葉遣いということになるでしょう。

新しいコミュニティで慣れないうちは、本来の使い方である言葉を選んで使うように心がけたいものです。砕けた言い方をしすぎると、ぞんざいな印象を与えかねません。

インターネット検索をしただけでは、言葉の成り立ちや解説まで記載されていない場合があります。面倒でも辞書を引く習慣をつけましょう。もちろん辞書のアプリでもかまいません。詳細な説明を読むと意外な発見があり、辞書に「はまる」かもしれません。

特に年齢が上の人と話すときには、辞書を引くひと手間が効いてきます。

言葉遣いは時代とともに変化し、「言葉の揺れ」と言われる現象を起こします。**自分が言いやすい言葉ではなく、相手にとって心地よい言葉を使う**ことが相手への敬意として伝わります。

お助け！フレーズ

△「やっぱり」→○「やはり」

△「ちょっと」→○「少し」

△「ほんと」→○「本当」

△「うん」→○「はい」

POINT

本来の使い方がわかる辞書を引こう

8 敬語のコツは「より遠い人に対して、より丁寧な言葉を使う」

中堅、ベテランになっても意外と間違えやすいのが敬語です。

苦手意識のある人も多い敬語ですが、**相手と自分との人間関係の距離で考える**と、わかりやすくなります。より「遠い」人に対して、より丁寧な敬語を使うのが原則です。

たとえば、あなたが新入社員だとします。部長と先輩と新入社員であるあなたの3人がいた場合は、先輩のほうが近く、部長のほうが遠くなります。遠い人、つまりこの場合は部長に対してより丁寧な敬語が必要です。

「近い」「遠い」という人間関係の距離を測るコツは、「私たち」と言ったときに、誰が「私たち」の範囲に含まれるのかを考えることです。

たとえば、あなたが営業部長だったとしましょう。その場に、次のメンバーがいたとします。

①自分……営業部長
②同じ会社の営業部メンバー
③同じ会社の総務部長
④取引先の営業部長
⑤取引先の営業部メンバー

このとき、「私たち」と言った場合に誰が入りますか？

答えは文脈で変わります。

「私たち○○社」と同じ会社であることを伝えたいときは、②同じ会社の営業部メンバーと、③同じ会社の総務部長を「私たち」とします。そして、同じ会社ではない④取引先の営業部長と⑤取引先の営業部メンバーに敬語を使います。

では、「私たち営業の人間は」と同じ営業職であることを伝えたいときはどうでしょう。

②同じ会社の営業部メンバー、④取引先の営業部長、⑤取引先の営業部メンバーが「私たち」となります。そのため同じ会社であっても、③同じ会社の総務部長に敬語を

使います。

「私たち」を考えずに、役職だけを見て、部長だからと自社の総務部長と他社の営業部長に敬語で話していませんか。

これはマナー的には問題はありませんが、コミュニケーションの効果を考慮した「大人の話し方」としては、間違いになるのです。

敬語は、肩書や立場で考えるだけではなく、**「私たち」として一体感を強調したい人間関係を考えて使い分けましょう。**

「私たち」に含まれる「近い」人には敬語は使わず、より「遠い」人に対して、より丁寧な敬語を使うのです。

特に、異なる立場の人たちとプロジェクトチームを組んでことに当たるときは、この「私たち」という言葉をうまく活用しましょう。

一緒にプロジェクトを進めていくのに、ずっとよそよそしい敬語のままだと一体感が生まれにくいものです。同じ仲間として、言葉遣いは少しくらい崩れてもいいということです。

営業トークが上手な人は、あえてお客様を「私たち」の中に入れて話します。

「私たち消費者にとっては、この商品が役に立ちますよね」とか、「私たちひとり暮らしの人間には、このサイズがいいですよね」など、お客様と自分を「私たち」と仲間にしてしまうことで、一体感を生むのです。

あるいは、「通常、お客様にはこちらをおすすめしています。でも私たち子どもを持つ世代としては○○さんには、これがおすすめですよ」というように、他のお客様には言わないけれど、仲間である○○さんだけには特別にお伝えしますよと、**「私たち」の秘密のように語り、距離感をうまく近づける**人もいます。

お助け！フレーズ

●営業トークで

「私たち消費者にとっては、この商品が役に立ちますよね」

「私たちひとり暮らしの人間には、このサイズがいいですよね」

「通常、お客様にはこちらをおすすめしています。でも私たち子どもを持つ世代としては○○さんには、これがおすすめですよ」

プライベートで

「昨日の会食はすごく盛り上がりましたね。なかなか私たちの予定を合わせるのは難しいかもしれないけれど、これからもぜひ1年に1回は計画しましょう」

「親の介護は大変だよね。私たちの世代だと誰もがいつか直面する可能性のあることだし。何か手伝えることがあったら遠慮なく言ってね」

POINT

「私たち」の範囲を考えて、敬語を使い分けよう

9

「れる」「られる」をつけたら敬語になるわけではない

敬語では、ありがちな間違いがいくつかあります。

まずは、**敬語だと思って使っている言葉が、日本語として間違っている**例です。たとえば**「バイト敬語」**や**「二重敬語」**がこれにあたります。

バイト敬語とは「よろしかったでしょうか」「こちらが資料のほうになります」など、アルバイト店員が多数を占める業界で主に接客時に使われる誤った敬語のことです。

二重敬語とはひとつの語について、同じ種類の敬語を二重に使ったもののことです。たとえば、「本をお読みになられる」は、「読む」を「お読みになる」と尊敬語にした上でさらに、尊敬語の「れる」を加えて二重にしています。

この「れる」という尊敬語には注意が必要です。

学生と話していると、「れる」「られる」をつければすべて敬語になると思っているのでは、と感じることがあります。たとえば、彼らは「先生、今日の午後は研究室におられますか?」と尋ねてきます。「いらっしゃいますか」という言い方を知らないようです。

「れる」「られる」をつけるだけでも通用するかもしれませんが、より相手に敬意を伝え、他の人よりも少し差をつけた「大人の話し方」をしたいのであれば言い換えを学びましょう(図4-1参照)。**言い換えができるだけで、きちんと敬語が話せる人だと信頼感が増します。**敬語の勉強と思うといやになってしまうかもしれませんが、英語のように、「敬語」という別の言語を習得するつもりで覚えてしまいましょう。

お助け!フレーズ

バイト敬語

×「よろしかったでしょうか」→○「よろしいでしょうか」

×「こちらが資料のほうになります」→○「こちらが資料です」

×「ご注文の品はおそろいになりましたか」

○「ご注文の品は、以上でよろしいでしょうか」

図4−1　**必ず役立つ「言い換え」の敬語**

	目上の人の行為などに使う	へりくだるときに使う
する	なさる、される	させていただく
言う	おっしゃる、言われる	申し上げる
行く	いらっしゃる、おいでになる	うかがう
来る	いらっしゃる、おいでになる、見える	参る
知る	お知りになる、ご存じだ	存じる、承知する
食べる	召し上がる、おあがりになる	いただく、頂戴する
いる	いらっしゃる、おいでになる	おる
見る	ご覧になる	拝見する
聞く	お聞きになる	拝聴する、うかがう
座る	お掛けになる	お座りする
会う	お会いになる、会われる	お目にかかる
伝える	お伝えになる	申し伝える
わかる	おわかりになる、ご理解いただく	かしこまる、承知する
読む	お読みになる	拝読する
与える	くださる	いただく、頂戴する
受け取る	お受け取りになる	賜る、頂戴する、拝受する
利用する	ご利用になる	利用させていただく
思う	お思いになる、おぼし召す	存じ上げる、拝察する
買う	お買いになる、お求めになる	買わせていただく
考える	お考えになる、ご高察なさる	考えておる、拝察する
待つ	お待ちになる、お待ちくださる	お待ちする
帰る	お帰りになる、帰られる	おいとまする
家	御宅（おたく）	拙宅（せったく）
会社	貴社（きしゃ）、御社（おんしゃ）	弊社（へいしゃ）

二重敬語

×「おっしゃられる通りだと思います」↓○「おっしゃる通りだと思います」

言い換え

×「来週は来られますか」↓○「来週はいらっしゃいますか」

×「大変参考になりました」↓○「大変勉強になりました」

×「粗末な物ですが」↓○「よろしければお召し上がりください」

×「おわかりいただけたでしょうか」↓○「ご理解いただけたでしょうか」

×「山田様でございますね」↓○「山田様でいらっしゃいますね」

×「ぜひ、お会いしたいのですが」↓○「ぜひ、お目にかかりたいのですが」

×「お客様がお越しになられました」↓○「お客様がいらっしゃいました」

×「お名前を頂戴できますか」↓○「お名前をうかがってもよろしいでしょうか」

POINT

敬語は、英会話と同じように慣れることが大切

10 「です」「ます」以外の敬語を意識して使う

敬語に関連してよくあるもうひとつの間違いが、「です」「ます」さえつければ丁寧になるという勘違いです。

たとえば、敬語が不要な場面では「感動だよね」「納得だよね」と話しているところを、「納得です」「感動です」とするような例です。

「です」「ます」は、「感動」「納得」などの名詞にはつきません。それぞれ、**「納得しました」「感動しました」が正しい言い方**です。

よく使われる「了解です」という言葉も、おかしな使い方です。「了解」も名詞ですから、「です」「ます」はつきません。

使うなら「了解しました」「了解いたしました」となります。この言い方であれば、敬語として問題はありません。

ただし「了解」は本章6項で述べたように3大タブー言葉のひとつ。本来なら「承知しました」としたいところです。

ＮＨＫ放送文化研究所によると、これらの「名詞＋です・ます」の話し方は、２０００年頃から民間放送局で使われ始めました（「放送研究と調査（月報）」２０１２年10月号「ニュース報道における『名詞＋です』表現について」）。

現在では、ＮＨＫのニュースでもしばしば使われています。

しかし、狙った目的があるときのみです。

その狙いとは、**「聞き手にインパクトを与える」効果**です。

たとえば「○○問題で新たな動きです」「衝撃のニュースです」などという言い方をします。

「大人の話し方」を目指すのであれば、インパクトを与えたい場合にのみ「名詞＋です・ます」を使うようにしましょう。

お助け！フレーズ

× 「感動です」→○「感動しました」

× 「納得です」→○「納得しました」

×「報告です」↓○「報告します」

×「なるほどですね」↓○「おっしゃるとおりです」

POINT

「名詞＋です・ます」を使うのは目的があるときのみ

11 NHKラジオは「日常会話」のよき先生

敬語など正しい日本語を学ぶことは、英会話を学ぶのと同じようなものです。

英語のラジオやテレビ、ユーチューブなどの動画配信をつけっぱなしにして毎日聞いていると耳が慣れて、英会話が聞き取れるようになってくるといいます。聞き流すだけの英語教材も人気があります。

同じように、敬語やより伝わる日本語を学びたいなら、NHKのラジオやテレビをつけっぱなしにしてほしいのです。

NHKでは、正しい敬語や日本語はもちろん、公共放送という性質上、相手に不快感を与えるような話し方はしません。

ただし、NHKのニュースは話し方はきちんとしていますが、一般的な会話に使うにはかたすぎることもあるでしょう。

そこで、おすすめしたいのがNHKラジオです。

ラジオ第1放送の番組はニュースが5分から10分と短く、あとのほとんどがフリートークです。音楽のように**NHKラジオをつけて聞き流してほしい**のです。

話の内容に意識を集中できなくてもかまいません。言葉遣いを参考にするつもりで聞き流してみてください。日本語の美しさや、敬語が自然と感覚として身についていくでしょう。

NHKの放送で使いそうな**日本語の言い換え**を次にまとめます。日常的にこうした表現を使うと、きちんとした信頼できる人物であると記憶されることでしょう。

お助け！フレーズ

●正確性：情報源を示しながら正確な情報を伝える

△「今日も暑くなりそうですね」

○「天気予報によると、今日は30度以上の真夏日になるそうですよ」

●フォーマルな言葉遣い：会話でもかたすぎない敬語や丁寧語を適切に使用する

△「ひどい雨が降ってきました」

○「雨脚が強まってきました。外出には傘をお持ちになったほうがいいですよ」

公平性：中立的で偏りのない表現を心がける

△「今度の日曜は仕事が休みだから……」

○「今度の日曜は仕事が休みという方が多いでしょうから……」

具体性：聞き手に「画《え》」が浮かぶように伝える

△「この本、面白かった」

○「昨晩、この本を時間が経つのも忘れてベッドの中で一気に読んでしまいました」

POINT

NHKのラジオ第1放送をつけっぱなしにする

12

「仕事が遅い」ではなく「仕事が丁寧」。人気者は言い換え上手

「根気がないんです」とか、「人前で緊張してしまうんです」とか、弱みを自分からアピールしてしまう人がいます。

「あなたは計画性があるね」と言っても、「でも、根気がないんです」などと。強みに言い換えてあげても、**弱みをアピールしてくる人が意外と多い**ものです。

日本の教育自体が、弱みを指摘しそれを修正することを中心に行ってきたので、弱みを発見するのが上手になってしまうのかもしれません。

しかし、ネガティブな見方ばかりする相手と一緒にいると、こちらまで気がめいってしまいます。新しい人間関係においては歓迎されない存在です。

自分の弱みを強みに変換できないか?

これを考えてみましょう。

そのためには、**ネガティブをポジティブに言い換える、言い換え訓練**が役に立ちます。

たとえば、「無鉄砲」は「行動力がある」に、「気が弱い」は「出しゃばらない」に、「仕事が遅い」は「仕事が丁寧」に、「だらしがない」は「おおらか」にと、短所も裏返せば長所となります。

物事は、見方によってネガティブにもポジティブにも捉えられます。

自分の弱みもネガティブではなく、ポジティブに言い換えて、強みとして発揮して周囲に貢献できる自分になりましょう。

お助け！フレーズ

△「無鉄砲」↓○「行動力がある」
△「気が弱い」↓○「出しゃばらない」
△「仕事が遅い」↓○「仕事が丁寧」
△「細かいことにこだわる」↓○「精密な仕事をする」
△「だらしがない」↓○「おおらか」
△「おしゃべり」↓○「会話が楽しい」

また、**弱いところを補い合うことができるのがチームの利点**です。ひとりで何かをするのであればできるだけ弱みをなくしてなんでもできる必要があるかもしれません。しかし、複数人でことを成すのであれば、弱みは弱みとしてあきらめることも可能です。むしろ、強みを伸ばし、弱みは誰かに補ってもらうことが大切なのです。結果、ひとりではできない大きなことを成し遂げることができます。

あなたの弱みを、強みとして得意とする人が必ずいます。

そして、あなたの強みを弱みとしていて、あなたを必要としている人も必ずいるのです。**お互いの違いを尊重しながら、コミュニティ内で協力し合う**ことが理想です。

POINT
自分の弱みを強みにする言い換えを考える

Column
4

相手を安心させる人は「左右対称」

人は視覚優位の動物です。

そのため、お互いにまだよく知らない相手への印象をよくしようとするならば、話す内容や敬語といった言語表現よりも、言葉以外の部分の視覚情報、つまり「見た目」をきちんとする必要があります。

心理学者のシュナイダーらは、人が相手を判断する過程を6つに分け、次の「対人認知の6種類」としてまとめました。

①相手の存在に気づく
②パッと見の印象
③行動から受ける印象
④他の特徴を推測
⑤全体の印象形成
⑥将来の行動を予測

新たな人間関係において重要なのは、この中でも「⑥将来の行動を予測」という段階です。これは、私たちは互いに、この人は今後の自分にとって敵となるか味方となるかという将来の関係を予測しながら、コミュニケーションをとっているということです。これらの判断は瞬時に、かつ無意識のうちに行われます。そして、何をもとに判断するかというと、これが見た目なのです。

相手に味方であり仲間であるということを知らせ、安心してもらうためには見た目が大事。きちんとした見た目を目指しましょう。

といっても、難しい話ではありません。髪型や肌に清潔感があるか、服のボタンをとめているかなど、ごく当たり前の小さなことができていることです。

そして、さらに確認していただきたいのが左右対称であるか。

休めの姿勢で片足に重心を置いて立っていたり、気をつけの姿勢のつもりで立っていても片方の肩が落ちていたり、左右非対称になっている人をよく見かけます。そうなると、何となくだらしない印象になります。また、身体がゆらゆらと揺れていたり動いていたりするのも、印象がよくありません。

さらに、きちんとした見た目には服装も大事です。安価なものでかまわないので、自分の体に合った服を着ることです。仕立てる必要はありませんし、上等なものである必要もありません。ポイントは、男女問わず「肩が合っている」服です。

特にジャケットでは肩が重要です。着慣れていないと、Tシャツのような楽な着心地を求めて大きめのサイズを買ってしまったりします。そうすると肩がずれて、左右非対称になり、だらしなく見えます。

サイズの合わないイタリア製の高級ブランドスーツより、サイズの合う日本製の量産ブランドのスーツのほうが、ずっときちんとして見えて、相手に安心感を与えます。

第5章

「話しグセ」をちょっと直すだけで、印象が大きく変わる

1 話しグセを直す3つの方法

この章では、私が**実際にスピーチ指導で取り入れている方法**をお伝えしていきます。ひとりで行うものや周囲に協力を求めるもの、即効性のあるものや長く継続するものなどさまざまです。まずはひとつだけでもいいので、ぜひ実践してみてください。

人にはそれぞれ無意識の「話しグセ」があります。もしそれが相手に不快感を与えるものだとしたら、なるべく早く直したほうがいいですよね。といっても、話しグセは自分ではなかなかわからないものです。

そこで、自分の話しグセを把握し、改善する3つの方法を紹介しましょう。

①周囲に尋ねる、②会話を文字起こし、③イメージ・タイピング術、の3つです。

①周囲に尋ねる

仲がいい友達や家族に、「私の話しグセって、どんなもの？」と聞いてみましょう。「『でも……』とよく言う」「何度もうなずくクセがある」などと**日頃から気になっていたものの、あえて指摘しなかったことを教えてくれる**はずです。話しグセを指摘してもらうのは恥ずかしいかもしれませんが、思い切って聞いてみましょう。

指摘してもらった話しグセを直したいことを伝えておけば、「最近、クセが出ていないね」と改善したことも教えてくれるかもしれません。

②会話を文字起こし

ふたつ目は、会話を録音・録画して自分であとから確認する方法です。今は、スマホで簡単に録音・録画が可能です。誰しも自分の映像を見たり、聞いたりするのはいやなものですが、そこはぐっと我慢。さらに、その音源を文字起こしします。もちろん、理想は自分で聞きながら書き起こすことです。しかし、手間がかかりますので、録画すると同時に文字起こしをしてくれる機能やアプリを活用してもいいでしょう。

文字として客観的に自分の言葉を確認すると、思わぬクセの発見につながります。

よくあるのが、「あー」「えー」という言い淀みがあること、ほとんどの文末が「思います」と終わっていることです。多い人では3分のスピーチの中で20回以上にのぼることもあります。**10秒に1回は「思います」を使っている**計算です。その文字起こしを見て「絶対に使わないようにしよう」と決意する人が大勢います。

私自身もこの方法で初めて自覚した話しグセがあります。「それで」と言うところを、つい「で」と言ってしまうのです。恥ずかしながら、アナウンスの仕事をしていたときにはこのクセに気づいていませんでした。講演をするようになって、講演内容を文字起こしした原稿を読んで初めて気づいたのです。**「恐るべし、文字起こし」**です。

③イメージ・タイピング術

ここまでのふたつは、会話の前後に対策として行う方法でした。最後にご紹介するのは、会話の最中に行う、名づけて「イメージ・タイピング術」です。

まずはパソコンのキーボードを頭に思い浮かべます。そこに、**自分の話している言葉を文字入力するイメージで話す**のです。そうすると、話し方がゆっくりとなり、自分の話した一言一句がしっかりと聞こえてきます。

自分が中心となって話している場面だと「イメージ・タイピング」は大変ですが、「聞き役」のときこそチャンス。相づち程度なら問題なくタイピングできます。「イメージ・タイピング」を会話の最中に行うと、「今『なるほど』と言ってしまった」「相づちが『はあ』ばかりだ」など、自分の話をよく聞くことができるようになります。
自分の話していることは、当然「聞いている」と思うかもしれません。しかし、それは音として「聞こえている」だけで、「きちんと聞いて」はいないものです。**自分の話していることをしっかり聞き、補正**するには「イメージ・タイピング」が効果的です。

話し方や言葉遣いのクセを把握し改善するための3つの方法をご紹介しました。**もっともよくないのは、クセに無自覚**であることです。
意識的にトレーニングを行えばクセは必ず直ります。まずは、3つの中で取り組みやすく自分に合ったトレーニング方法を実践してみましょう。

POINT
自分の話していることをよく聞こう

2 「目を合わせる」のが苦手ならば、相手の「まつ毛を探す」

相手の目を見ながら会話をすることは、コミュニケーションの基本中の基本です。

自分が話すときは、しっかりと目を合わせ、反応を確認しながら伝える。話を聞くときも、しっかりと目を合わせ、その目を開いたり細めたり表情を変えながら聴く。目を見ることで、相手に対する興味や関心、敬意を示すことができます。

しかし、これがもともとできている人は、ほんのわずかです。特に**日本人は、国際的に見ても相手と目を合わせるアイコンタクトをとる時間が短い**といわれています。

実際、スピーチ指導で「相手を見てください」とお伝えしても、ただ見ているだけの人がほとんどです。**「見ている」というより、ただ相手のほうを「向いている」だけ**という印象です。

相手と目を合わせるのが苦手という人は、次の方法を試してみてください。**ポイントは見る場所と見ている時間**です。

①顔の三角形を見る

相手の両目と口を結び三角形をイメージして、目だけではなく、この三角形全体を見るようにします。**直接相手の目をじっと見るのが難しいという人におすすめ**の方法です。

それでも辛く感じる人は相手の喉元や襟元、ネクタイをしている場合はその結び目あたりを見ることです。目の位置よりは少し下になりますが、相手の目と同じ直線上に焦点を合わせることになるため、話を聞いていないような印象は避けられます。

②2、3秒だけ目を合わせる

相手と目を合わせるのが苦手という人は、ずっと相手を見続けないといけないと誤解しているかもしれません。それでは逆ににらんでいるようにも受け止められかねません。まずは短い時間だけ、たとえば2、3秒だけでも相手の目を見るようにしましょう。

相手との関係性で徐々に時間を延ばしていくことで、見るほうも見られるほうも互いに心地よいアイコンタクトの時間の長さを見つけることができます。

③まつ毛を探す

3つ目は、相手と目を合わせることの上級編で、**「目力」のアピール**です。「目力」とはまなざしが相手に与える印象のことです。強い目力を持つ人からは、やる気と熱意を感じます。

スピーチ指導では、目力を強くする方法として「相手のまつ毛を探してください」とお伝えしています。**〝見る〟のではなく、〝探す〟。**

何かを探すときは、人は答えがわかるまでしっかりと見続けるものです。何かを探しているときの目力は、相当強いのです。

まつげを探すことで相手の目の奥まで刺さるようなアイコンタクトを送ることができます。結果、やる気と熱意が伝わり、相手もこの人と一緒に何かをしてみたい、仲間に入れてみたいと思うはずです。

POINT

強い目力で相手と目を合わせるには相手のまつ毛を探す

3

大勢の前で話をするときは「一番後ろの人」に視線を合わせる

前項で触れた「目力」について話を続けましょう。まだ出会ってまもなく相手のことをよく知らないとしても、**目力が強い人からは、やる気と本気を感じます。**

選挙立候補者に対する演説の指導でも、重要になるのが「目力」です。これは議員経験のない初出馬の人には、特に重要なポイントになります。

初出馬ですから実績はありません。しかし目力が強ければ、有権者に「この人なら意外とやるかもしれない」と思ってもらえるものです。逆に、目力が弱いと、「この新人は大丈夫だろうか」「経験が浅くいかにも頼りないなあ」と思われてしまいかねません。

強い目力で**「本気」を訴えるためのコツは、焦点を聴衆の後ろに合わせること**です。

たとえば、支援者が集まって決起集会をするとき、会場の一番後ろにいる人を見ながらスピーチできるように訓練をします。

もしあなたがそのコミュニティで新人という立場や、相手と知り合ってまだ間もないとしたら、やるべきことは新人立候補者と同じです。

本気の度合いを伝えるために、とにかく目力を強くすること。「この人ならやってくれるかもしれない」と周りが期待してくれるようになります。

たとえば、プレゼンテーションなどで大勢の前で話すときは、誰かに部屋の後ろの遠いところに立ってもらいましょう。その人を見ながら話すと強い目力を出すことができます。

一方、**少人数の会話で話を聞くときは相手の顔を見るのではなく、相手の後ろに焦点を合わせる**ようにして見てください。室内であれば相手の頭の後ろの壁に焦点を合わせます。視線を、相手を通り越した後ろに向けるようにするのです。一点に焦点を合わせることで、目力が強くなります。

目力が強いと、自分の話の説得力を増すことができ、相手の話を聞くときは、真剣に聞いているように見えます。

POINT
「目力」を強めて、話の説得力を増す

4 自己紹介の間は「まばたき」をしない

相手に熱意や真剣さを伝えるためのとっておきの方法があります。それは、会話中のまばたきの回数を少なくすることです。

会話中の目の開いている時間の長さと熱意は比例していると、人は感じます。

心理学の実験でも、まばたきが多い（＝目を見開いている連続時間が短い）と、自信がない、嘘をついている、情緒不安定など悪い印象を他者に与えると数多く報告されています。

誰かに何かを伝えようと一生懸命話しているとき、人はその人と目を合わせ、まばたきの回数も少なくなっているはずです。

まずは**1分間まばたきをせず、目を見開いて話す**ことを心がけましょう。

具体的には、自分の名前を名乗るときはまばたきをしない練習をします。

「こんにちは。〇〇（名前）です」。わずか2、3秒です。

所属や肩書、資格などが加わったとしても、「こんにちは。△△（所属、肩書、資格）の○○（名前）です」と7秒ほどでしょう。7秒間、目を見開くことは難しくありません。意識して、まばたきをしないようにしてみましょう。

さらに、**目の周りの筋肉を鍛えるトレーニング**も、まばたきの調整に効果的です。

①正面を向いて目を軽く閉じる
②10秒数えながらゆっくりと目を見開いていく。眼球も上に向ける
③そのまま10秒キープ。その間まばたきを我慢する
④10秒かけてゆっくり目を閉じる
⑤最後はぎゅーっと目を閉じる

この方法は眉の筋肉も鍛えられるため、第1章5項で紹介した「アイブロウフラッシュ」がしやすくなります。目と眉の表現力を一度に鍛えられる一石二鳥のトレーニングです。

POINT
目の周りの筋肉を鍛えるトレーニングが効果大

5 緊張していると感じたら、そんな自分をほめる

知らない人たちの中に飛び込むのは緊張する、という人も多いことでしょう。みんなの前で自己紹介をする前夜、眠れなかったとか、プレゼン前に緊張して徹夜で練習していたという話もよく聞きます。スピーチ指導でのご希望が多いのも緊張対策です。

まず申し上げたいのは、**「緊張はいいことだ」**ということです。

新しい人たちに会うその場を大切な場として捉え、きちんと話そうとしているから緊張するのです。**緊張は、その場にいる相手への敬意の現れ**です。

緊張を感じたなら、まずは緊張している自分をほめてあげましょう。

緊張は悪いことではありません。大事なことは、緊張したあとの対処の仕方を知っているかどうかです。悪い例は、緊張がどんどん雪だるま式にふくれあがっていって、コントロールが利かなくなることです。

では、緊張はどのように対処すればいいのか。

それは、**「今日は少し緊張しています」と言ってしまう**ことです。最初に宣言してもいいですし、話していて突っかかったりして焦ったときに言ってもいいでしょう。聞いている側は不快に思うどころか、応援する気持ちになってくれるはずです。

緊張の理由を説明するのもポイントです。

たとえば、プレゼンテーションで予定どおりのスライドが表示されなかったときは、「ここで動画が再生されるはずなのですが、音声が聞こえませんね。このような想定外があると緊張してしまいます」と状況を説明します。

お助け！フレーズ

「少し緊張していますが、わかりやすくお伝えするように努めます」

「突然のご指名で驚いて緊張しておりますが……」

「このような場に参加するのは久しぶりで、少し緊張しています」

「ここで動画が再生されるはずなのですが、音声が聞こえませんね。このような想定外があると緊張してしまいます」

「本日のために皆で2年かけて準備してきました。それを思うと、発表者として重責で緊張します」

ちなみに、スピーチ指導の場では、成功しているエグゼクティブほど、「緊張しないためにはどうしたらいいですか？」と質問なさることはありません。

「緊張してしまって原稿が覚えられないので、どうしたらいいですか？」

「緊張してしまうのだけれど、話している最中はどこを見たらいいですか？」

と具体的な質問が出ます。

「緊張」という漠然とした敵と戦うのではなく、**緊張の結果出てしまう具体的な困り事を解決**しようとしているのです。

人前で話すときに緊張するのは当たり前のこと。避けることでも隠すべきことでもありません。緊張することを前提に、何をどうしたらいいのかを考え対処しているエグゼクティブの方々の視点から、私たちが学ぶべきことは多いでしょう。

POINT
緊張するのはその場を大切にしている証拠

6

「ながら時間」でできる！忙しい人におすすめの「プレゼン・イメトレ術」

プレゼンテーションやスピーチなど人前で話す準備をするときに一番大切なこと。それは、うまくいっているシーンをイメージすることです。もちろん話す内容を考えたりスライドの準備をしたりすることも重要ですが、「イメージ」はそれ以上に大切です。

そのために**必須なのが「下見」**です。自分が話す場所を事前に実際に確認することで、よりイメージがつきやすくなります。

あらかじめ見ておくことが難しいなら、始まる5分前でもかまいません。**聞き手より先に会場に入り、その場を確認**します。これには、**緊張対策の効果**もあります。

あるクライアントは、海外にある系列会社でプレゼンテーションを行うにあたり、現地のスタッフに頼んで事前に会場の写真を送ってもらっていました。実際に足を運ぶことができないときは写真でも同じ効果があるので、よい方法です。オンラインでつないで、会場の様子を見せてもらうのもいいでしょう。

また、公的な場所の場合、インターネットに会場の360度の写真が公開されていることもあります。得られる情報はすべて確認しておきましょう。

次に**「イメージトレーニング」**を行います。

神経科学や心理学などの研究では、実際に人前で話す体験をしたときと、その内容を想像しただけのとき、脳は同じ反応を示すといわれています。その力を利用したのがイメージトレーニングです。スポーツや楽器の演奏、リハビリテーション、ストレス管理など多くの分野で活用されています。

スポーツ心理学の研究では、アスリートが実際に身体を動かしていなくても、**特定のスキルを想像することでパフォーマンスが向上**することが多く報告されています。

スピーチにも、この方法を活用することができます。ポイントは5つあります。

①具体的に詳細をイメージ

できるだけ具体的に詳細をイメージします。ここで「下見」が効いてきます。部屋の広さ、壁の色、座席数、机の配列、ライトの明るさなど細部にわたって、**下見した場所に実際に自分が立っていることを想像**します。重要なのは、客席から見た自分や俯瞰した自分ではなく、自分から見える景色を想像することです。聴衆のことも忘れないようにしましょう。どのような人がどのくらいの人数集まって、どのような様子で聞いてくれているのかを想像します。

②時系列でイメージ

時間の経過でイメージする方法もあります。グーグルマップのストリートビュー機能などで、**最寄り駅から会場までの道や会場の外観を確認**すると、よりリアルに当日の様子をイメージできます。

③五感でイメージ

視覚だけでなく、**聴覚**、**触覚**、**嗅覚**など五感を使って想像します。会場の熱気や温度、照明のまぶしさ、ステージの足元の床やじゅうたんの感触、マイクを握る手の感触、観客の歓声などです。未経験の場合イメージしづらいので、リハーサルが必要になります。

④実際のスピーチをイメージ

話の順番、ジェスチャー、声や表情など実際に話す部分をイメージします。

⑤最後の喝采をイメージ

あなたが話を終えた後、会場から沸き起こる拍手、総立ちの観衆、仲間が笑顔で「よかったよ！」と背中を叩いてくれるシーンなど、そうありたいと願うことを映像で想像します。あわせて、そのときの自分の感情もイメージして、**成功の感覚**を味わいます。うまくできてほっとしている、達成感を感じている、などです。

イメージトレーニングは、人前で話す大事な場があるのに、準備不足で心配だという忙しい方に特におすすめです。移動中など「ながら時間」を利用してイメージすると、トレーニングしたことと同じ効果が期待できます。

POINT
会場を下見し、成功イメージを思い描く

7 何でもいいのでほめられた経験を思い出す

プレゼンテーションやスピーチで失敗してしまう人は、成功の映像が見えていないことが多いものです。「成功したい」と思っているだけで、生き生きとした成功イメージが見えていません。逆に、失敗したときのつらいイメージが、映像でしっかり見えてしまっていたりするのです。「あのとき、あんな失敗をしてしまった。また失敗したら、どうしよう……」というように。

これでは悪い結果をイメージトレーニングしているようなものです。

人は過去の経験をイメージしやすい傾向があります。さらに、社会人経験が長い人だと失敗例も多くなり、「どうせうまくいかない思考」になりがちです。

プレゼンテーションやスピーチでの成功体験がないなら、他の成功体験を想像することもトレーニングとして有効です。

たとえば、スポーツの試合で勝ったときに、みんなが駆け寄ってきて喜び合った経験とか、何かの賞をもらったときに指導してくれた先生が「よかったね、おめでとう」と言って泣いたとか、子どものときの記憶でも、どんなものでもいいのです。

あなたが、過去に称賛を受けたときの映像を具体的に思い出してください。

プレゼンテーションやスピーチは、他者評価です。ですから、**自分がしたことで拍手をもらったりほめられたりした経験**をまずは思い出し、成功イメージを刷り込んでしまいましょう。

なお、**評価者が知っている人か、初対面の人かによって、具体的な刷り込み方法は異なります。**

社内やコミュニティ内など同じメンバーに対するスピーチやプレゼンテーションなら、目上の人など同じ人から評価されることが続くでしょう。一度ほめられたら、その人にほめられたことを思い出してから、実際の場に臨むことをおすすめします。

ほめられる経験は、プレゼンテーションに限定する必要はありません。日常のちょっとしたことでほめられた経験であっても、そのときの相手の顔を覚えておき、人前で話す前に思い出すようにしましょう。

一方、あなたの話を聞いて評価する人が初対面の場合は、話し終わったあとのほめ言葉をイメージします。具体的には次のような言葉です。

「とても説得力があるプレゼンでした」「素晴らしい提案ですね」「非常に明確でわかりやすかったです」「感動しました」「とても勇気づけられました」「引き込まれました」「あなたのように話せるようになりたいです」

話を聞いている人がひとりではなく複数人の場合は、聴衆が好意的に聞いているときに見せる行動をイメージします。称賛を示す聞き手の行動には以下のものがあります。

拍手、スタンディングオベーション、うなずく、視線を上げる、メモをとる、質疑応答で質問が出る、名刺交換のために近づいてくる、事後共有（終了後、スピーチ内容や写真をSNSに書いて共有する。ただし事前に撮影許可や共有許可をした場合のみ）。

プレゼンテーションやスピーチなど人前で話したときの成功体験を一度でも味わうと、次からはその体験を使ってイメージトレーニングができます。**一度成功した人は連鎖して成功しやすくなる**のです。あなたもまずは一度成功体験を手にしましょう。

POINT
失敗イメージを成功イメージに塗り替える

8 『ワンピース』のルフィに学ぶ「自己肯定感」

新しい環境に身を置くことは、なりたい自分になるチャンスでもあります。今までの自分とは違う新しい自分として生まれ変わることができます。そのときは、言葉の力を借りましょう。具体的には**「自己暗示」**と呼ばれるトレーニングです。

マンガ『ワンピース』では、主人公の少年ルフィが「〝海賊王〟に!!!おれはなるっ!!!」と宣言する言葉が有名です。

この言葉には、ふたつの大きな特徴があります。

ひとつ目は、「なりたい」という願望ではなく、**「なる」と断言**していることです。

「なりたい」という表現は、希望であり、まだなっていない状態です。3年後も5年後も、もしかしたら10年後、20年後も、「なりたい」と言っているかもしれません。ずっと「なりたい自分」から成長できないまま、やがて「なりたい」は「なりたかった」と過去形になってしまうのです。

そうならないために断言しましょう。

「自分は絶対に独立して経営者になる」と言っていると、いつか本当に「経営者になった」という過去形になるのです。

これが、第3章13項で紹介した「アファメーション（肯定的自己宣言）」です。

ポジティブな言葉を自分に宣言することにより、潜在意識を塗り替え自分自身を変えていく**心理学を応用したトレーニング法**です。

ルフィのアファメーションのもうひとつの特徴は、「おれは海賊王になる」ではなく「海賊王におれはなる」という**倒置法の一種を使っている**ことです。

一般的に、日本語には結論が最後に来るという特徴があります。さらに、文末は強調されて印象に残ります。

この言葉は「おれはなる」が強調されているのです。そのため希望だけではなく、本当になるのだ、他の誰でもなく、この「おれ」がなるのだという部分が強調されます。よって夢見るだけでなく、「なる」しかない方向へ自己暗示をかけることができるのです。

さらに強力に自己暗示をかけるには、言葉に加えて視覚を使います。

毎日、鏡を見ながらアファメーションの言葉を発するトレーニングがおすすめです。

たとえば、**朝、洗面所で歯を磨きながら、「○○に私はなる」と、鏡の中の自分に向けて自分の目を見ながら、言う**のです。

お助け！フレーズ

「○○（希望の肩書・職種・資格など）に私はなる」

「日々成長し、この道のプロに私はなる」

「人間関係に恵まれ、幸せな毎日を過ごす人に私はなる」


これらのアファメーションは、年齢を問わず有効です。

自己肯定感を高め、目標達成に向けてのモチベーションが続く効果があります。

大切なことは、自分が言っていることをばからしく感じないこと。言葉を唱えるうちに**心からそう思えるまで続ける**ことです。

POINT
鏡で自分の目を見てアファメーションをする

9 話し上手になる最速の道は「モノマネ」

「スピーチトレーニング」とは、**人前で話すという「行動」を「学習」する**ことです。

心理学で「学習」という場合には、いくつか方法があります。

ひとつ目は、**「指導」**です。「声を大きくして、人の目を見ながら話すといいですよ。はい、やってみて」などと教えます。これだけでは、ほとんどできるようになりません。

ふたつ目は、**「模倣」**です。カナダの心理学者アルバート・バンデューラは、人々が他者の行動を観察し、模倣することで学習するという「社会学習理論」を唱えました。

話し方の場合、「あの人みたいにやってみて」という方法です。そこにスキルの説明は一切なく、「あの人のモノマネをしてください」と言うだけです。

そうすると、「あの人は声が大きいから、大きくしよう」「あの人は相手の目を見ているから、目を見よう」と自分で観察して模倣します。自分でしたことは実体験になるので効果が高く、次からもできるようになります。

3つ目は、**「フィードバック」**です。やったあとに、「今のはよかった」「ここは直したほうがいい」という他者からの指摘があると、より身につきます。

スピーチトレーニングにおいて、「指導」「模倣」「フィードバック」の3つを同時に行うと、上達することが私の研究室のデータでも確認されました。

特に、「模倣」は上達のためには必須です。**「この人のように話せるようになりたい」という目標とする人の話し方を真似**します。具体的には、話の構成、言葉遣い、ジェスチャー、表情、身振り、声の高さ、話す速さなどを観察してモノマネします。

私たちは赤ちゃんのときに話し方やコミュニケーションスキルを獲得する過程において、親や家族、周囲の大人をモノマネしてきました。彼らが話す言葉の音やリズムを聞き、これを模倣することから言語を学びました。**親子や家族で話し方が似ている理由**のひとつはここにあります。新しいコミュニティに仲間入りしたときは、赤ちゃんに戻ったつもりで、周囲の人々の話し方をモノマネし、理想の話し方を習得してみてください。

POINT

人マネは「学習」の王道

10 エグゼクティブの部屋に「全身鏡」がある理由

相手とスッと打ち解ける話し方をしたかったら、自分がどんな表情で話しているかを知ることです。そのための一番簡単な方法は、鏡を使うことです。

鏡の前で自分の顔を見ながら、自己紹介の練習、話を聞くときの相づちの練習、名刺を渡す練習をしてみてください。

一番ありがちな悪い例は、表情がまったく変わらないことです。口だけがパクパク動いて、目も眉も動かない状態です。

表情に動きがあるほうが断然、印象がよくなります。理想は、ころころ表情が変わることです。**喜怒哀楽に合わせて表情筋が動いているか**どうか、鏡で確かめましょう。

日頃から習慣にしてほしいのは、電話や音声通話をするときに目の前に鏡を置いて、自分の表情をチェックしながら話すことです。たとえば、職場のデスクに固定電話があるのであれば、**電話が鳴ったらまず鏡を見て、笑顔をつくる。**そのあと「はい、〇〇です」と電話に出ます。電話の途中でも、自分がどんな表情で相手の話を聞いているのか、鏡でたまにチェックするようにしましょう。

スマホで電話に出るときは、鏡の前に移動して会話をするとよいでしょう。もちろん話の内容に集中するのが最優先です。

ちなみに、私がスピーチ指導でうかがう国会議員や経営者の部屋には、ほとんど全身鏡が取りつけられています。エグゼクティブは、**表情だけでなく全身鏡で他人から見える自分をチェックする**ことが習慣になっているのです。

あなたも全身鏡を用意しましょう。そして誰かに会う前に、全身鏡の前で「こんにちは」などと会ったときの挨拶を練習してから出かけてみてください。

自宅に全身鏡を用意するのが難しい場合は、会社や訪問先のトイレでも、駅のトイレでもどこでもいいので、**よく利用する場所に設置されている全身鏡**を探してください。それを「マイ全身鏡」として、人に会う前には、そこで必ず全身をチェックしましょう。

POINT
人に会う前には「マイ全身鏡」で全身をチェック

11 「自分のことは自分が一番わからない」。だからこそ……

自分が相手とどのような表情で話しているかを知るためには、オンラインシステムを使うのもおすすめです。たとえば、**ズームやチームズを利用するときに録画し、あとから確認**する方法があります。相手の顔が見えているため、対面時に自分がどんな顔をしているか、しっかり把握することができます。

ポイントは、会話中は自分の姿を非表示にすることです。カメラオフではないので注意してください。ズームでは「セルフビュー」を非表示にするという機能です。チームズでは自分の映像を選択し、「非表示にする」をクリックします。こうすることで相手には自分の姿が見え、録画もできていますが、自分には自分の姿は見えなくなります。

自分の映像を見ながら話すと、意識していい顔をつくろうとしてしまいます。非表示であれば普段に近い自分の姿を録画することができます。

鏡や録画映像を見て、自分の表情があまり変化しないことに気づいたら、第2章3項で紹介した「表情レッスン」を行います。

おすすめは、表情や感情を認識するＡＩ技術を利用したアプリやゲームを使って自分の表情を分析する方法です。

たとえばマサチューセッツ工科大学のメディアラボから独立したアフェクティバ社が開発した「感情認識ソフトウェアＡｆｆｄｅｘ（アフデックス）」は、カメラで撮影した自分の表情を取り込むと、表情筋の動きから分析した喜び、悲しみ、怒りなどの21の感情を０から１００の数値にすることができます。世界90カ国以上から収集された９９０万人以上の顔画像データを保有し、独自のアルゴリズムを用いて表情から感情分析を行っているとのことです。

こうした感情認識ＡＩを使ってトレーニングできるアプリもたくさん開発されています。「感情認識ＡＩ」「表情分析アプリ」などと検索してみてください。

ある人材派遣会社が開発した笑顔に特化した表情トレーニングアプリでは、画面に向かって**話している表情をリアルタイムでAIが採点分析しアドバイス**が出る機能があります。また、就職活動中の学生向けの面接対策アプリでは、スマホに向かって行った模擬面接中の表情を「落ち着き」「興味関心」などの項目ごとにＡＩが分析し、改善のためのトレーニングが提案されます。

ある画像加工アプリでは、ＡＩを用いてスマホ上で自分の写真を加工し、顔の表情を変化させます。自分の顔を口を閉じた笑顔、幅広く口を開いた笑顔、動揺した顔などに変えることができます。私も試してみましたが、特に口を開けた笑顔は、ここまで笑ったことはないなと思うような**見たことのない自分の表情**でした。表情の変化が苦手という人は、自分の顔がどこまで変わるか一度試してみるのも面白いかもしれません。

なお、各アプリやゲームは有料のものもあり、個人情報の登録などが必要なものもあります。試すときは、金額や個人情報保護の確認など個人の判断で行ってください。

よく言われることですが、自分のことは自分が一番わかりません。**人はあなたが話している様子を見ていますが、あなた自身は自分が話すところを見たことがない**という、恐ろしい状態が当たり前です。ぜひ客観的に自分を知りましょう。

POINT

表情筋の動きを知るためにオンラインも活用

おわりに

自信がない人ほど、新しい世界に飛び込むとうまくいく。

私はそう信じています。

私事の昔話で恐縮ですが、大学を卒業し、社会に出ようとしたとき、まったく自信がありませんでした。

NHKに内定をいただいたというのに、学生時代はニュースも見ていませんでしたし、新聞も読んでいませんでした。優秀な学生ではありませんし、英語が堪能なわけでもありません。

社会という新しい舞台で通用する自信がまったくなかったのです。

そこで社会人1年目は、「NHKキャスター」という名刺の肩書にふさわしいきちんとした話し方を徹底して身につけるようにしました。自信のある人なら素手で戦えるようなところを、自信がないため、ひたすら武器を身につけたのです。

自信がない人は、新しい世界に飛び込む前に、徹底的に調べないと安心しません。

不安だからこそ、準備を怠りません。その積み重ねが周囲から受け入れられ、信頼されていくのです。


今あなたが何歳でも関係ありません。

社会経験の少ない若手であっても、経験豊富なベテランであっても、これからの人生において何度も新しい世界に飛び込む必要が出てくることでしょう。

そのときたとえ自分の能力に自信がなかったとしても、相手との枠を取り払うことができれば、周囲と協力しながら何かを成し遂げることができます。

その姿は信頼という形で他者から評価されます。評価されることが続けば、やがて少しずつ本物の自信もついていきます。

相手との関係性をつくることを意識しながら信頼関係を築く「大人の話し方」は、新しい世界に飛び込むあなたを守る鎧《よろい》になるのです。

攻めではなく、「大人の話し方」という鎧で守っていきましょう。

最後に。

本書の原著である『「きちんとしている」と言われる「話し方」の教科書』をはじめこれまで拙著を読んで役立ててくださった読者の皆様。皆様からいただいた感想や生の声が、本書を新たに執筆するきっかけとなりました。感謝申し上げます。

そして、私が新しい世界として飛び込んだときに受け入れてくださった、それぞれの世界の方々に心からの感謝を込めてお礼申し上げます。ＮＨＫ職員、視聴者の皆様。心理学分野の諸先生方、研究者仲間たち。大学の教職員の方々と学生諸氏。スピーチ指導を受けてくださっているクライアントの皆様。著者仲間。本書はこれまで私が出会った方々のひとりでも欠けていたら、ここに存在していません。ありがとうございます。

そしてもちろん、最後までお読みいただいた読者のあなたにお礼申し上げます。

この本が、**新しい世界でご自身の可能性を切り拓こうとするあなたの挑戦を応援**することができると信じています。

私も、講演や研修などで日々新しい方々との出会いに飛び込んでいます。あなたとも会場でお会いできることを願っています。

そのときはたとえ初対面であったとしても、お互い本書のスキルをきっかけにして、スッと打ち解けてお話をしましょう。そのときを楽しみにしています。

2024年3月

矢野　香

参考文献

P・エクマン、W・V・フリーセン（著）、工藤力（編訳）『表情分析入門』誠信書房（1987年）
眞邉一近（著）『ポテンシャル学習心理学』サイエンス社（2019年）
中島義明、安藤清志、子安増生、坂野雄二、繁桝算男、立花政夫、箱田裕司（編）『心理学辞典』有斐閣（1999年）
マーク・L・ナップ（著）、牧野成一・牧野泰子（共訳）『人間関係における非言語情報伝達』東海大学出版会（1979年）
日本社会心理学会（編）『社会心理学事典』丸善出版（2009年）
大橋正夫、長田雅喜（編）『対人関係の心理学』有斐閣大学双書（1987年）
M・L・パターソン（著）、工藤力（監訳）『非言語コミュニケーションの基礎理論』誠信書房（1995年）
大坊郁夫（著）『しぐさのコミュニケーション―人は親しみをどう伝えあうか』サイエンス社（1998年）
V・P・リッチモンド、J・C・マクロスキー（著）、山下耕二（編訳）『非言語行動の心理学――対人関係とコミュニケーション理解のために』北大路書房（2006年）
アレクサンダー・トドロフ（著）、作田由衣子（監修）、中里京子（翻訳）『第一印象の科学――なぜヒトは顔に惑わされてしまうのか？』みすず書房（2019年）

小孫康平「瞬目の多少が人の印象形成に及ぼす影響」『日本教育工学会論文誌』30巻増刊号、ＰＰ．１－４（２００６年12月）

Dalle Nogare, L., Cerri, A., & Proverbio, A. M. (2023). Emojis Are Comprehended Better than Facial Expressions, by Male Participants. *Behavioral Sciences,* 13(3), 278.

Edmondson, A. (1999). Psychological safety and learning behavior in work teams. *Administrative Science Quarterly,* 44(2), 350-383.

Williams, L. E., & Bargh, J. A. (2008). Experiencing physical warmth promotes interpersonal warmth. *Science,* 322, 606-607.

本書は２０１５年９月にプレジデント社から刊行した
『「きちんとしている」と言われる「話し方」の教科書』を
文庫化にあたって大幅加筆、再構成、改題したものです。

日経ビジネス人文庫

最初《さいしょ》の15秒《びょう》で
スッと打《う》ち解《と》ける 大人《おとな》の話《はな》し方《かた》

2024年4月1日 第1刷発行

著者
矢野 香
やの・かおり

発行者
中川ヒロミ

発行
株式会社日経BP
日本経済新聞出版

発売
株式会社日経BPマーケティング
〒105-8308 東京都港区虎ノ門4-3-12

ブックデザイン
井上新八

本文DTP
ホリウチミホ(nixinc)

印刷・製本
中央精版印刷

Printed in Japan ISBN978-4-296-11943-1

本書籍に関するお問い合わせ、ご連絡は下記にて承ります。
https://nkbp.jp/booksQA